Un Lider sin Puesto

Paulette Durand

Paulette Durand

Indice

Paulette Durand

Paulette Durand

Liderarnos a Nosotros Mismos

Liderarnos a nosotros mismos es el primer paso en el camino hacia el verdadero liderazgo. Antes de pensar en liderar a otras personas, es esencial que aprendamos a ser líderes de nuestras propias vidas. Esta idea puede sonar sencilla, pero en realidad, es uno de los desafíos más grandes que enfrentamos. Liderar nuestra vida significa tomar el control de nuestras decisiones, ser responsables de nuestras acciones y, sobre todo, ser conscientes de nuestro propio ser. Es un proceso que implica conocernos a nosotros mismos en un nivel profundo, entender nuestras motivaciones, valores, y aquello que nos impulsa a actuar.

Al liderarnos a nosotros mismos, comenzamos a construir una base sólida sobre la cual podremos desarrollar nuestras capacidades de liderazgo con los demás. Esta autolideranza no es simplemente tomar decisiones por nuestra cuenta, sino tomar decisiones que estén alineadas con nuestros principios y valores. Es ser capaz de mirarnos al espejo y estar orgullosos de la persona que estamos viendo, no por lo que hemos logrado en términos externos, sino por la manera en que hemos manejado nuestras vidas. Este tipo de liderazgo es el que nos ayuda a mantenernos firmes en nuestras convicciones, incluso cuando enfrentamos presión o tentación de actuar en contra de lo que sabemos que es correcto.

Para liderarnos a nosotros mismos, primero necesitamos desarrollar una profunda autoconciencia. Esto significa estar en sintonía con nuestros pensamientos, emociones, y comportamientos. Es un proceso continuo de reflexión y autoevaluación. Nos preguntamos por qué hacemos lo que hacemos, qué nos motiva, y cómo nuestras acciones afectan tanto a nosotros como a quienes nos rodean. Esta introspección es vital porque, sin ella, corremos el riesgo de actuar de manera impulsiva o de ser influenciados fácilmente por factores externos, perdiendo de vista lo que realmente importa para nosotros.

Además de la autoconciencia, el liderazgo personal requiere una fuerte dosis de autodisciplina. Liderarnos a nosotros mismos implica ser capaces de hacer lo que es necesario, incluso cuando no es fácil. Significa establecer metas claras y trabajar hacia ellas, a pesar de los desafíos y las distracciones que puedan surgir. La autodisciplina es lo que nos permite mantenernos enfocados y comprometidos con nuestros objetivos, incluso en los momentos en que la motivación puede flaquear. Es lo que nos impulsa a seguir adelante cuando las cosas se ponen difíciles y a mantenernos en el camino correcto.

Otro aspecto crucial del liderazgo personal es la responsabilidad. Cuando lideramos nuestras vidas, aceptamos plena responsabilidad por nuestras acciones y decisiones. No culpamos a los demás por nuestros fracasos ni esperamos que otros resuelvan nuestros problemas. En lugar de eso, reconocemos que somos los arquitectos de nuestras propias vidas y que nuestras elecciones determinan nuestro destino. Esta mentalidad nos empodera, porque nos damos cuenta de que tenemos el poder de cambiar nuestra situación si no estamos satisfechos con ella. Al aceptar la responsabilidad total de nuestras vidas, nos liberamos de la mentalidad de víctima y tomamos el control de nuestro futuro.

Liderarnos a nosotros mismos también implica ser conscientes de nuestras limitaciones y estar dispuestos a mejorar continuamente. Ninguno de nosotros es perfecto, y siempre habrá áreas en las que podemos crecer. Un buen líder personal es alguien que no solo reconoce sus debilidades, sino que también toma medidas activas para superarlas. Esto podría significar buscar aprender nuevas habilidades, trabajar en nuestra inteligencia emocional, o simplemente ser más pacientes y comprensivos con nosotros mismos y con los demás. El liderazgo personal es un viaje constante de mejora, en el que cada día nos esforzamos por ser una mejor versión de nosotros mismos.

Finalmente, liderarnos a nosotros mismos requiere tener una visión clara de lo que queremos lograr en la vida. Esta visión actúa como nuestra brújula, guiándonos en nuestras decisiones y acciones diarias. Sin una visión clara, es fácil perderse en el caos de la vida cotidiana, reaccionando a las circunstancias en lugar de actuar de manera proactiva. Una visión personal nos da dirección y propósito, nos ayuda a priorizar lo que es realmente importante, y nos mantiene motivados en nuestro camino hacia el éxito. Al mantenernos enfocados en nuestra visión, podemos liderar nuestras vidas con intención y determinación.

En resumen, liderarnos a nosotros mismos es un proceso integral que abarca la autoconciencia, la autodisciplina, la responsabilidad, la mejora continua y tener una visión clara. Es la base sobre la cual se construye todo lo demás en el liderazgo. Sin esta base sólida, cualquier intento de liderar a otros será frágil y posiblemente insostenible. Al convertirnos en los líderes de nuestras propias vidas, no solo nos preparamos para liderar a otros, sino que también nos aseguramos de vivir una vida plena, significativa y en sintonía con nuestros valores más profundos. Es un camino que requiere esfuerzo y compromiso, pero las recompensas son incalculables.

La Base del Liderazgo

La base del liderazgo es el autoconocimiento, un concepto que puede parecer abstracto o complicado, pero en realidad es bastante simple: se trata de conocernos a nosotros mismos de manera profunda y honesta. Para ser un buen líder, primero debemos entender quiénes somos, qué nos motiva, cuáles son nuestros valores fundamentales, y cómo nuestras experiencias y emociones influyen en nuestras decisiones y comportamientos. Sin este conocimiento, cualquier liderazgo que intentemos ejercer será superficial y carecerá de autenticidad. Es como construir una casa sin cimientos; tarde o temprano, se derrumbará.

El autoconocimiento comienza con la reflexión. Necesitamos dedicar tiempo para pensar en nosotros mismos, algo que a menudo se pasa por alto en la vida cotidiana. ¿Cuáles son nuestras fortalezas? ¿Cuáles son nuestras debilidades? ¿Qué es lo que realmente nos apasiona? Estas son preguntas importantes que debemos hacernos regularmente. Al responderlas, comenzamos a formar una imagen más clara de quiénes somos y qué es lo que nos impulsa. Esta imagen no es algo estático;

cambia con el tiempo a medida que crecemos y aprendemos. Por lo tanto, el autoconocimiento es un proceso continuo que requiere nuestra atención constante.

Parte del autoconocimiento también implica aceptar nuestras imperfecciones. Todos tenemos aspectos de nuestra personalidad o comportamiento que preferiríamos no tener. Tal vez somos impacientes, o quizás nos cuesta delegar tareas porque sentimos que nadie más puede hacerlas tan bien como nosotros. Cualquiera que sea el caso, reconocer estas debilidades es esencial. No se trata de juzgarnos con dureza, sino de ser honestos con nosotros mismos. Una vez que reconocemos nuestras áreas de mejora, podemos trabajar en ellas y, al hacerlo, fortalecemos nuestra capacidad de liderar. Ignorar nuestras debilidades o pretender que no existen solo nos llevará a problemas mayores en el futuro.

Otro aspecto clave del autoconocimiento es entender nuestros valores fundamentales. Los valores son esos principios o creencias que consideramos más importantes en la vida. Pueden incluir cosas como la honestidad, la justicia, la compasión o la responsabilidad. Nuestros valores guían nuestras decisiones y acciones, ya sea que seamos conscientes de ello o no. Cuando lideramos desde un lugar de alineación con nuestros valores, nuestras acciones son más coherentes y auténticas, lo que nos hace más efectivos y respetados como líderes. Sin embargo, para liderar desde nuestros valores, primero debemos identificar cuáles son. Esto requiere una introspección honesta y, a veces, una reevaluación de lo que realmente importa para nosotros.

El autoconocimiento también incluye la comprensión de nuestras motivaciones. ¿Por qué hacemos lo que hacemos? ¿Qué nos impulsa a levantarnos cada día y a enfrentar los desafíos de la vida? Algunas personas están motivadas por el deseo de ayudar a los demás, mientras que otras pueden estar impulsadas por la búsqueda de logros personales o el reconocimiento. Sea cual sea nuestra motivación, es importante estar consciente de ella, porque nuestras motivaciones influyen en cómo lideramos. Un líder que está motivado principalmente por el deseo de servir a los demás probablemente tomará decisiones diferentes a las de un líder que está más enfocado en el éxito personal. Ninguna motivación es necesariamente mejor que otra, pero conocer la nuestra nos permite liderar de manera más consciente y deliberada.

Además de nuestras fortalezas, debilidades, valores y motivaciones, el autoconocimiento también implica entender cómo nuestras experiencias pasadas nos han moldeado. Todos hemos pasado por momentos de éxito y fracaso, felicidad y dolor. Estas experiencias han dejado su huella en nosotros y han influido en la persona que somos hoy. Al reflexionar sobre nuestras experiencias, podemos aprender lecciones valiosas que nos ayudan a crecer como líderes. Por ejemplo, un fracaso pasado puede habernos enseñado la importancia de la perseverancia, mientras que un éxito puede habernos mostrado el valor de la preparación y el esfuerzo. Al conectar nuestras experiencias pasadas con nuestro liderazgo actual, podemos liderar con más sabiduría y perspectiva.

Es importante destacar que el autoconocimiento no es un destino al que se llega, sino un viaje continuo. A medida que avanzamos en la vida, seguimos aprendiendo sobre nosotros mismos, descubriendo nuevas facetas de nuestra personalidad y ajustando nuestro enfoque de liderazgo en consecuencia. Este proceso de aprendizaje constante es lo que nos permite evolucionar como líderes y adaptarnos a los cambios y desafíos que enfrentamos. No debemos tener miedo de cambiar o de reevaluar nuestras creencias y valores a medida que adquirimos nuevas experiencias y conocimientos. De hecho, la disposición a cambiar es una señal de un líder verdaderamente fuerte y seguro.

En conclusión, la base del liderazgo es el autoconocimiento. Sin un entendimiento profundo de quiénes somos, nuestras fortalezas y debilidades, nuestros valores y motivaciones, no podemos liderar de manera efectiva. Este autoconocimiento nos proporciona la base sólida sobre la cual podemos construir nuestras habilidades de liderazgo, permitiéndonos liderar con autenticidad, coherencia y propósito. Al embarcarnos en el viaje de autoconocimiento, no solo nos preparamos para ser mejores líderes, sino que también enriquecemos nuestras vidas personales, haciendo que nuestras interacciones con los demás sean más significativas y nuestras decisiones más alineadas con quienes somos en nuestro núcleo.

Paulette Durand

El Poder de la Autoeficacia

El poder de la autoeficacia es uno de los aspectos más importantes del liderazgo personal, y se refiere a la creencia que tenemos en nuestra capacidad para enfrentar y superar los desafíos que se nos presentan. Cuando hablamos de autoeficacia, nos referimos a esa voz interna que nos dice que somos capaces de lograr lo que nos proponemos, que podemos aprender nuevas habilidades, adaptarnos a situaciones difíciles y superar obstáculos. Esta creencia no es simplemente una cuestión de confianza en uno mismo; es una convicción profunda de que, con esfuerzo y perseverancia, podemos tener éxito en nuestras metas y aspiraciones.

La autoeficacia es fundamental para el liderazgo porque, sin ella, es fácil caer en la desesperanza o la inacción cuando enfrentamos desafíos. Imagina a alguien que constantemente duda de su capacidad para manejar situaciones difíciles. Cada vez que surge un problema, esa persona podría sentirse abrumada, dudar de sus habilidades y, como resultado, podría evitar tomar decisiones importantes o delegar esas decisiones a otros. Esta falta de autoeficacia no solo afecta su capacidad para liderar a otros, sino que también limita su crecimiento personal y profesional. Por el contrario, una persona con una fuerte sensación de autoeficacia enfrentará los desafíos con una actitud positiva, confiando en que, aunque las cosas sean difíciles, tiene la capacidad para resolverlas.

La autoeficacia no es algo con lo que nacemos; es algo que se desarrolla a lo largo del tiempo, a través de nuestras experiencias y de la forma en que interpretamos esas experiencias. Uno de los factores más importantes que influye en nuestra autoeficacia es el éxito previo. Cuando logramos algo que nos propusimos, especialmente si fue difícil, nuestra autoeficacia se fortalece. Este éxito refuerza la creencia de que somos capaces de enfrentar y superar desafíos similares en el futuro. Por ejemplo, si hemos superado un obstáculo significativo en el trabajo o en nuestra vida personal, es más probable que creamos en nuestra capacidad para superar otros desafíos en el futuro.

Sin embargo, la autoeficacia no se construye solo a partir del éxito. También se fortalece cuando aprendemos de nuestros fracasos. Aunque a nadie le gusta fallar, la manera en que manejamos el fracaso puede tener un impacto profundo en nuestra autoeficacia. Si interpretamos el fracaso como una oportunidad para aprender y crecer, en lugar de verlo como una prueba de nuestras limitaciones, podemos salir más fuertes y con una mayor confianza en nuestras habilidades. Este proceso de aprendizaje a partir de la adversidad es lo que transforma los fracasos en lecciones valiosas que alimentan nuestra autoeficacia.

Otro aspecto crucial de la autoeficacia es la influencia de las personas que nos rodean. Las personas que nos apoyan y nos alientan pueden tener un gran impacto en cómo percibimos nuestras propias habilidades. Cuando alguien en quien confiamos nos dice que cree en nosotros, que somos capaces de lograr nuestras metas, esto puede reforzar nuestra propia creencia en nosotros mismos. Por el contrario, si estamos rodeados de personas que dudan de nuestras habilidades o que constantemente nos critican, esto puede debilitar nuestra autoeficacia. Por esta razón, es importante rodearnos de personas que nos apoyen y que nos ayuden a ver nuestras fortalezas, especialmente en momentos de duda.

La autoeficacia también está relacionada con nuestra capacidad para fijarnos metas y trabajar hacia ellas. Cuando creemos en nuestra capacidad para tener éxito, estamos más dispuestos a establecer metas ambiciosas y a trabajar duro para alcanzarlas. Esta disposición a desafiarse a uno mismo y a esforzarse más allá de lo que creemos posible es lo que nos permite crecer como líderes y como personas. Por otro lado, si dudamos de nuestras habilidades, es probable que evitemos fijarnos metas desafiantes o que abandonemos fácilmente cuando las cosas se ponen difíciles. Este tipo de mentalidad limita nuestro potencial y nos impide alcanzar nuestros objetivos más importantes.

Un factor que también fortalece la autoeficacia es el modelado, es decir, observar a otras personas que han tenido éxito en desafíos similares a los nuestros. Cuando vemos a alguien a quien admiramos logrando algo significativo, esto nos da un ejemplo de lo que es posible. Nos muestra que, con esfuerzo y determinación, también podemos alcanzar el éxito. El modelado es especialmente poderoso cuando la persona que observamos tiene características o circunstancias similares a las nuestras, ya que esto nos permite identificarnos más fácilmente con sus logros y sentir que nosotros también podemos hacerlo.

Es importante entender que la autoeficacia no significa que siempre debemos sentirnos seguros de nuestras habilidades o que nunca debemos tener dudas. Todos enfrentamos momentos de incertidumbre y desafío. La clave está en cómo respondemos a esos momentos. Una persona con una fuerte sensación de autoeficacia no es alguien que nunca duda, sino alguien que, a pesar de las dudas, sigue adelante, confía en su capacidad para encontrar una solución y no se rinde ante la primera señal de dificultad. Es esa perseverancia y esa confianza en uno mismo lo que define a un líder fuerte.

En resumen, el poder de la autoeficacia reside en la creencia profunda en nuestra capacidad para enfrentar y superar los desafíos de la vida. Es una fuerza interna que nos impulsa a actuar, a aprender de nuestros errores y a seguir adelante, incluso cuando las cosas se ponen difíciles. La autoeficacia se desarrolla a través de nuestras experiencias, tanto de éxito como de fracaso, y se refuerza por el apoyo de las personas que nos rodean y por los ejemplos de aquellos que han logrado el éxito antes que nosotros. Al fortalecer nuestra autoeficacia, nos preparamos para enfrentar cualquier desafío que se nos presente y para liderar con confianza y determinación. Este poder interno es lo que nos permite no solo sobrevivir, sino prosperar, y es una de las bases más importantes del liderazgo efectivo.

Liderar con Inteligencia Emocional

Liderar con inteligencia emocional es una habilidad esencial en el liderazgo moderno, y se refiere a la capacidad de comprender, manejar y utilizar nuestras emociones de manera efectiva para tomar decisiones, resolver problemas y relacionarnos con los demás. La inteligencia emocional no es solo un concepto abstracto, es una habilidad práctica que puede mejorar significativamente nuestra capacidad para liderar, no solo a los demás, sino también a nosotros mismos. Al desarrollar esta habilidad, nos volvemos más conscientes de cómo nuestras emociones influyen en nuestras acciones y en las acciones de quienes nos rodean, lo que nos permite liderar con mayor empatía, claridad y efectividad.

La inteligencia emocional comienza con la autoconciencia, que es la capacidad de reconocer nuestras propias emociones a medida que surgen. A menudo, las emociones pueden ser reacciones automáticas y, si no somos conscientes de ellas, pueden influir en nuestro comportamiento sin que nos demos cuenta. Por ejemplo, si estamos frustrados o enojados, podríamos reaccionar de manera impulsiva, diciendo o haciendo cosas que luego lamentaremos. Al desarrollar la autoconciencia, aprendemos a identificar estas emociones en el momento, lo que nos da la oportunidad de manejar nuestras respuestas de manera más controlada y deliberada. Esta conciencia no solo nos ayuda a evitar errores impulsivos, sino que también nos permite liderar con un enfoque más calmado y racional.

Además de la autoconciencia, la inteligencia emocional también incluye la autorregulación, que es la capacidad de manejar nuestras emociones de manera constructiva. Todos experimentamos emociones fuertes de vez en cuando, ya sea estrés, enojo, o tristeza, pero la clave está en cómo las manejamos. La autorregulación implica tomar un momento para reflexionar antes de reaccionar, permitiéndonos elegir una respuesta más adecuada y menos impulsiva. Esto es especialmente importante en el liderazgo, donde nuestras decisiones y acciones pueden tener un gran impacto en los demás. Un líder que es capaz de autorregularse es alguien que puede mantener la calma en situaciones difíciles, tomar decisiones ponderadas y mantener un ambiente de trabajo positivo y productivo.

La empatía es otro componente crucial de la inteligencia emocional. Empatía significa ser capaz de ponerse en el lugar de los demás, entender sus emociones y perspectivas, y responder de manera compasiva y respetuosa. En el contexto del liderazgo, la empatía nos permite conectar mejor con las personas que lideramos, entender sus necesidades y preocupaciones, y apoyarles de manera más efectiva. Un líder empático es capaz de construir relaciones más fuertes y significativas, lo que a su vez fomenta un ambiente de confianza y colaboración. La empatía no solo mejora nuestras relaciones interpersonales, sino que también nos ayuda a tomar decisiones más justas y equitativas, considerando el impacto de nuestras acciones en los demás.

La inteligencia emocional también se extiende a nuestras habilidades de comunicación. Un líder emocionalmente inteligente es alguien que puede comunicar sus pensamientos y emociones de manera clara, abierta y honesta, sin ser dominado por sus emociones. Esto significa ser capaz de expresar nuestras ideas y sentimientos de manera que los demás puedan entender y responder de manera positiva, evitando malentendidos y conflictos. Además, la comunicación efectiva también implica ser un buen oyente, prestando atención a las emociones y necesidades de los demás. Al desarrollar nuestras habilidades de comunicación emocional, no solo mejoramos nuestra capacidad para liderar, sino que también fomentamos un ambiente de trabajo donde las personas se sienten escuchadas y valoradas.

La gestión de relaciones es otro aspecto fundamental de la inteligencia emocional en el liderazgo. Las relaciones interpersonales son una parte crucial del liderazgo, y la forma en que manejamos estas relaciones puede determinar nuestro éxito o fracaso como líderes. La inteligencia emocional nos ayuda a construir y mantener relaciones positivas, basadas en la confianza y el respeto mutuo. Nos permite resolver conflictos de manera constructiva, negociar con empatía y encontrar soluciones que beneficien a todas las partes involucradas. Un líder que maneja bien sus relaciones es alguien que puede unir a las personas, inspirarlas a trabajar juntas hacia un objetivo común y crear un ambiente de trabajo armonioso y productivo.

Otro aspecto importante de liderar con inteligencia emocional es la motivación, tanto nuestra propia motivación como la capacidad de motivar a los demás. La inteligencia emocional nos ayuda a mantenernos motivados, incluso en situaciones difíciles, al conectar nuestras emociones con nuestros objetivos y valores. Nos permite mantener una actitud positiva y resiliente, incluso cuando enfrentamos desafíos, lo que a su vez inspira a los demás a seguir adelante. Además, un líder emocionalmente inteligente es alguien que puede motivar a su equipo, reconociendo y apreciando sus esfuerzos, y ayudándoles a ver el significado y el propósito en su trabajo. La motivación emocional no solo impulsa nuestro desempeño, sino que también fomenta un sentido de compromiso y satisfacción en quienes nos rodean.

Es importante destacar que la inteligencia emocional no es una habilidad innata que solo unos pocos poseen; es algo que todos podemos desarrollar y mejorar a lo largo del tiempo. Al practicar la autoconciencia, la autorregulación, la empatía, la comunicación efectiva, la gestión de relaciones y la motivación, podemos fortalecer nuestra inteligencia emocional y convertirnos en líderes más efectivos. Este proceso requiere tiempo y esfuerzo, pero las recompensas son inmensas. No solo nos convierte en mejores líderes, sino también en mejores personas, capaces de manejar nuestras emociones de manera saludable, de conectar con los demás de manera más profunda y de navegar por los desafíos de la vida con mayor resiliencia y gracia.

En conclusión, liderar con inteligencia emocional es fundamental para ser un líder eficaz en el mundo actual. Nos permite entender y manejar nuestras propias emociones, así como las de los demás, de manera que podamos tomar decisiones informadas, resolver problemas y construir relaciones sólidas y positivas. Al desarrollar nuestra inteligencia emocional, nos preparamos para enfrentar los desafíos del liderazgo con una mente clara y un corazón compasivo, lo que no solo nos beneficia a nosotros, sino también a las personas que lideramos. Este enfoque no solo nos ayuda a ser líderes más efectivos, sino que también crea un entorno en el que todos pueden prosperar, contribuyendo a un éxito colectivo y a un bienestar general.

La Clave del Liderazgo

La clave del liderazgo, aquello que realmente distingue a un líder efectivo de los demás, no es una habilidad técnica ni un conocimiento especializado. La clave del liderazgo es la capacidad de influir en los demás de manera positiva, inspirarlos a ser lo mejor que pueden ser, y guiar a un grupo hacia la consecución de objetivos comunes con un sentido compartido de propósito y dirección. Esta influencia no se basa en la autoridad o el poder que pueda tener un líder sobre los demás, sino en la confianza, el respeto y la conexión que un líder es capaz de establecer con las personas a su alrededor.

Para entender esta clave, es fundamental reconocer que el liderazgo no es simplemente una cuestión de dar órdenes o de ser la persona más inteligente en la sala. Liderar no se trata solo de tener la última palabra, sino de ser un facilitador, alguien que ayuda a los demás a alcanzar su máximo potencial. Esta capacidad de influir y guiar a otros se basa en la autenticidad. Un líder auténtico es alguien que actúa de acuerdo con sus valores y principios, y que es genuino en sus interacciones con los demás. Esta autenticidad genera confianza, y la confianza es la base sobre la cual se construyen relaciones sólidas y efectivas en cualquier grupo u organización.

La confianza es un elemento esencial del liderazgo, y se gana a través de la coherencia entre lo que decimos y lo que hacemos. Cuando nuestras acciones están alineadas con nuestras palabras, las personas comienzan a confiar en nosotros. Esta coherencia no solo refuerza nuestra credibilidad como líderes, sino que también establece un estándar para los demás. Un líder que actúa con integridad y consistencia inspira a los demás a hacer lo mismo, creando un ambiente en el que todos se sienten valorados y respetados. La confianza no se construye de la noche a la mañana; es el resultado de un esfuerzo constante por ser honestos y transparentes en todas nuestras interacciones.

Otro aspecto clave del liderazgo es la capacidad de inspirar a los demás. Inspirar no es simplemente motivar a las personas a hacer algo; es ayudarlas a ver un propósito mayor en lo que hacen, a encontrar un significado en su trabajo que va más allá de las tareas cotidianas. Un líder inspirador es alguien que puede articular una visión clara y convincente del futuro, y que puede comunicar esa visión de manera que resuene con las aspiraciones y valores de los demás. Cuando las personas se sienten inspiradas, están más dispuestas a comprometerse, a trabajar más duro y a superar los desafíos, porque ven que su esfuerzo contribuye a algo más grande que ellos mismos.

La capacidad de comunicar de manera efectiva es otra clave fundamental del liderazgo. Un líder debe ser capaz de expresar sus ideas y expectativas de manera clara y comprensible, y también debe ser un buen oyente. Escuchar es tan importante como hablar, porque es a través de la escucha que un líder puede entender las necesidades, preocupaciones y perspectivas de los demás. La comunicación efectiva no se trata solo de transmitir información, sino de crear un diálogo en el que todos se sientan escuchados y valorados. Esta habilidad de comunicar y escuchar de manera efectiva fortalece las relaciones y fomenta un ambiente de colaboración y apoyo mutuo.

Además de la comunicación y la inspiración, la empatía es una cualidad indispensable en el liderazgo. La empatía permite a un líder entender y conectar con las emociones y experiencias de los demás. Un líder empático no solo se preocupa por los resultados, sino también por el bienestar de las personas que forman parte del equipo. Esta preocupación genuina por los demás crea un ambiente de trabajo en el que las personas se sienten apoyadas y comprendidas, lo que a su vez mejora la moral y la motivación. La empatía también ayuda a un líder a tomar decisiones más informadas y justas, al considerar cómo esas decisiones afectarán a los demás.

El liderazgo también implica la capacidad de tomar decisiones difíciles y de asumir la responsabilidad por esas decisiones. Un líder efectivo no rehúye las decisiones complicadas, sino que las enfrenta con coraje y determinación. Sin embargo, tomar decisiones no significa actuar de manera autoritaria o sin consultar a los demás. Un buen líder involucra a su equipo en el proceso de toma de decisiones, busca diferentes perspectivas y está dispuesto a reconsiderar su posición si es necesario.

Este enfoque colaborativo no solo mejora la calidad de las decisiones, sino que también fortalece el sentido de pertenencia y compromiso dentro del equipo.

La resiliencia es otro componente esencial de la clave del liderazgo. Ser un líder significa enfrentar desafíos, contratiempos y momentos de incertidumbre. La resiliencia es la capacidad de recuperarse de esos desafíos, de aprender de los fracasos y de seguir adelante con renovada energía y determinación. Un líder resiliente es alguien que no se desmorona ante la adversidad, sino que encuentra la manera de adaptarse y de guiar a su equipo a través de tiempos difíciles. Esta resiliencia no solo es importante para la supervivencia del líder, sino que también sirve como un ejemplo para los demás, mostrando que es posible superar cualquier obstáculo con la actitud y el enfoque correctos.

Finalmente, la clave del liderazgo incluye la capacidad de fomentar el desarrollo de los demás. Un líder no es alguien que se preocupa solo por su propio éxito, sino alguien que se dedica a ayudar a los demás a crecer y a alcanzar su máximo potencial.

Esto significa proporcionar oportunidades para el aprendizaje y el desarrollo, ofrecer retroalimentación constructiva y apoyar a las personas en su viaje de crecimiento personal y profesional. Un líder que invierte en el desarrollo de su equipo crea un ambiente en el que todos se sienten capacitados y motivados para contribuir al éxito colectivo.

En resumen, la clave del liderazgo no se encuentra en el poder o la autoridad, sino en la capacidad de influir de manera positiva, de inspirar y guiar a los demás, y de construir relaciones basadas en la confianza, la comunicación y la empatía. Es un proceso continuo que requiere autoconciencia, integridad, y un compromiso genuino con el bienestar y el desarrollo de los demás. Liderar con éxito implica enfrentar desafíos con resiliencia, tomar decisiones difíciles con coraje, y siempre estar dispuesto a aprender y a crecer junto con el equipo. Esta es la esencia del liderazgo, y es lo que realmente define a un líder efectivo y respetado. Al comprender y aplicar estas claves en nuestras vidas, no solo nos convertimos en mejores líderes, sino que también contribuimos a crear un mundo en el que todos puedan prosperar y alcanzar su máximo potencial.

Liderazgo desde la Empatía

Liderar desde la empatía es un enfoque que transforma el liderazgo tradicional en una experiencia más humana y conectada. La empatía, en su esencia, es la capacidad de ponerse en el lugar de los demás, de entender y sentir lo que otras personas están experimentando. No se trata solo de simpatizar con alguien, sino de realmente comprender sus emociones, perspectivas y circunstancias. Este tipo de liderazgo no solo mejora las relaciones dentro de un equipo, sino que también crea un ambiente de trabajo donde las personas se sienten valoradas, comprendidas y apoyadas, lo que a su vez aumenta la motivación, la colaboración y el compromiso de todos los involucrados.

Cuando hablamos de liderazgo desde la empatía, nos referimos a un enfoque en el que el líder se preocupa sinceramente por el bienestar de los demás. Esto significa que el líder no solo se enfoca en los resultados y en el cumplimiento de metas, sino que también toma en cuenta cómo se sienten las personas que están bajo su guía. Entender las emociones de los demás no es una tarea fácil, pero es crucial para crear un ambiente de trabajo saludable y productivo. Un líder empático es aquel que se toma el tiempo para escuchar activamente, para observar y para estar presente en las interacciones con su equipo. Esta disposición para entender realmente a las personas es lo que diferencia a un líder empático de uno que solo se enfoca en los números.

Uno de los primeros pasos para liderar desde la empatía es desarrollar la habilidad de escuchar con atención. Escuchar no solo implica oír las palabras que alguien dice, sino también captar el tono, la expresión facial y el lenguaje corporal. Muchas veces, las personas no expresan directamente lo que sienten, ya sea por temor, inseguridad o porque no saben cómo hacerlo. Un líder empático presta atención a estas señales no verbales y busca entender lo que realmente está pasando en la mente y el corazón de los demás. Al escuchar activamente, un líder muestra respeto por la persona que está hablando, lo que a su vez fortalece la confianza y la relación entre ambos.

Además de la escucha activa, la empatía en el liderazgo también implica la capacidad de ofrecer apoyo emocional. Esto significa estar disponible para los demás en momentos de dificultad, ya sea personal o profesional. Un líder empático no se limita a dar órdenes o a esperar resultados; también está ahí para ofrecer consuelo, consejo o simplemente para ser una presencia tranquilizadora cuando alguien lo necesita. Este tipo de apoyo puede marcar una gran diferencia en cómo una persona maneja el estrés, la presión o las situaciones difíciles. Saber que tienen a alguien en quien confiar puede ayudar a las personas a superar desafíos con mayor confianza y resiliencia.

La empatía también se refleja en la toma de decisiones. Un líder empático considera el impacto de sus decisiones no solo en los resultados finales, sino también en las personas involucradas. Antes de tomar una decisión importante, un líder empático se pregunta cómo afectará a cada miembro del equipo, cómo se sentirán y qué repercusiones emocionales podría tener. Este tipo de consideración no significa que un líder debe evitar decisiones difíciles, sino que debe abordarlas con sensibilidad y comprensión, buscando siempre la manera de minimizar el impacto negativo en los demás. Esta perspectiva ayuda a construir un ambiente de trabajo donde las personas se sienten respetadas y valoradas, incluso en situaciones difíciles.

Otra dimensión del liderazgo desde la empatía es la capacidad de reconocer y celebrar los logros de los demás. Un líder empático entiende que el reconocimiento y la apreciación son fundamentales para la motivación y el bienestar de las personas. Cuando un miembro del equipo logra algo importante, el líder se toma el tiempo para reconocer ese logro, para expresar su agradecimiento y para hacer que la persona se sienta valorada. Este reconocimiento no tiene que ser grandioso o público; a veces, una simple palabra de agradecimiento o un gesto de reconocimiento personal puede tener un impacto profundo. Al mostrar aprecio de manera genuina, un líder fortalece la relación con su equipo y fomenta un ambiente de trabajo positivo y alentador.

El liderazgo desde la empatía también implica ser flexible y adaptativo en el manejo de las relaciones interpersonales. Cada persona es diferente, con su propia personalidad, antecedentes y formas de ver el mundo. Un líder empático reconoce estas diferencias y ajusta su enfoque según las necesidades y características de cada individuo. Esto podría significar adaptar el estilo de comunicación, ofrecer diferentes tipos de apoyo o ajustar las expectativas para alinearse mejor con las capacidades y circunstancias de cada persona. Esta flexibilidad no solo hace que el equipo funcione de manera más armoniosa, sino que también demuestra que el líder valora a cada persona como un individuo único, no solo como un recurso o una parte del equipo.

Liderar desde la empatía también tiene un impacto significativo en la cultura organizacional. Un líder que practica la empatía establece un tono para toda la organización, creando un ambiente donde la compasión, la comprensión y el respeto mutuo son valores fundamentales. Esta cultura empática no solo mejora la satisfacción y el bienestar de los empleados, sino que también puede llevar a una mayor retención de talento, a una mejor colaboración entre departamentos y a una mayor innovación. Cuando las personas se sienten seguras y apoyadas, están más dispuestas a compartir ideas, a asumir riesgos calculados y a contribuir de manera más significativa al éxito de la organización.

Es importante destacar que la empatía no debe ser vista como una debilidad o como algo que compromete la autoridad de un líder. De hecho, la empatía fortalece el liderazgo al construir una base sólida de confianza y respeto. Un líder empático no es alguien que evita los conflictos o que se desvía de los objetivos para complacer a todos; es alguien que enfrenta los desafíos con una comprensión profunda de las emociones y necesidades humanas. Esta comprensión permite al líder tomar decisiones más informadas, construir equipos más cohesivos y lograr resultados de manera más efectiva y sostenible.

En resumen, liderar desde la empatía es un enfoque que pone a las personas en el centro del liderazgo. Se trata de entender y conectar con los demás a un nivel emocional, de escuchar activamente, de ofrecer apoyo, de tomar decisiones considerando el impacto en las personas, y de reconocer y celebrar los logros individuales y colectivos. La empatía en el liderazgo no solo mejora las relaciones interpersonales, sino que también crea un ambiente de trabajo donde todos se sienten valorados, comprendidos y motivados para dar lo mejor de sí mismos. Este enfoque no solo hace que el líder sea más efectivo, sino que también contribuye a una organización más humana, más cohesionada y, en última instancia, más exitosa.

El Lenguaje del Liderazgo

El lenguaje del liderazgo es una herramienta poderosa que va más allá de las palabras que usamos en nuestras interacciones diarias. Es la forma en que nos comunicamos, tanto verbal como no verbalmente, y es una de las principales maneras en que los líderes pueden influir, motivar e inspirar a los demás. El lenguaje del liderazgo no se trata solo de lo que se dice, sino también de cómo se dice. Incluye el tono de voz, la elección de palabras, el lenguaje corporal, y la capacidad de escuchar y responder de manera efectiva. Un líder que domina este lenguaje puede conectar de manera más profunda con las personas, transmitir su visión con claridad y guiar a su equipo hacia el éxito.

Una de las primeras cosas que debemos entender sobre el lenguaje del liderazgo es que cada palabra cuenta. Las palabras que elegimos pueden tener un impacto duradero en quienes nos rodean. Un líder consciente de esto selecciona sus palabras con cuidado, asegurándose de que sean claras, positivas y orientadas a la acción. Por ejemplo, en lugar de decir "esto es un problema", un líder podría decir "esto es una oportunidad para mejorar". Cambiar la perspectiva a través del lenguaje puede cambiar la forma en que las personas perciben una situación, haciéndolas sentir más capacitadas y optimistas. Este enfoque positivo no solo fomenta una mentalidad más proactiva, sino que también ayuda a mantener la moral alta en el equipo, incluso en tiempos difíciles.

El tono de voz es otro aspecto crucial del lenguaje del liderazgo. No es solo lo que decimos, sino cómo lo decimos, lo que puede hacer la diferencia. Un tono de voz cálido y alentador puede hacer que las personas se sientan valoradas y respetadas, mientras que un tono frío o autoritario puede generar distancia y resentimiento. Los líderes efectivos son conscientes de cómo su tono de voz afecta a los demás y lo ajustan según la situación. En momentos de estrés o tensión, un tono calmado y seguro puede ayudar a tranquilizar a los demás y a mantener un enfoque claro en la solución de problemas. En situaciones en las que se celebra un logro, un tono de entusiasmo y alegría puede aumentar la motivación y fortalecer el sentido de equipo.

El lenguaje corporal también es una parte integral del lenguaje del liderazgo. A menudo, lo que no se dice con palabras se comunica a través del cuerpo. Un líder que mantiene una postura abierta y relajada, que hace contacto visual y que se muestra receptivo a los demás, envía un mensaje de confianza y accesibilidad. Por otro lado, cruzar los brazos, evitar el contacto visual o tener una postura tensa puede dar la impresión de estar cerrado o desinteresado. Es importante que los líderes sean conscientes de su lenguaje corporal y lo utilicen para reforzar su mensaje verbal. Una buena comunicación no verbal puede fortalecer la confianza entre el líder y su equipo, creando un ambiente en el que las personas se sienten cómodas para expresar sus ideas y preocupaciones.

La escucha activa es otro componente esencial del lenguaje del liderazgo. Escuchar no es simplemente oír lo que alguien dice; es estar presente en la conversación, captar el significado detrás de las palabras y responder de manera que demuestre comprensión y consideración. Un líder que practica la escucha activa hace que las personas se sientan valoradas y respetadas. Esta habilidad también permite al líder entender mejor las necesidades y perspectivas de su equipo, lo que puede conducir a decisiones más informadas y a soluciones más efectivas. Además, la escucha activa fortalece la relación entre el líder y los demás, fomentando un ambiente de confianza y colaboración.

El lenguaje del liderazgo también incluye la capacidad de formular preguntas efectivas. Las preguntas bien planteadas pueden abrir nuevas perspectivas, desafiar suposiciones y fomentar el pensamiento crítico. Un líder que hace preguntas no solo busca obtener información, sino también estimular la reflexión y el crecimiento en los demás. Por ejemplo, en lugar de dar una solución directa a un problema, un líder podría preguntar "¿Qué opciones has considerado?" o "¿Cómo podríamos abordar esto de manera diferente?". Estas preguntas no solo involucran a los demás en el proceso de toma de decisiones, sino que también los alientan a desarrollar sus propias habilidades de resolución de problemas y a pensar de manera más creativa.

La empatía es otra dimensión importante del lenguaje del liderazgo. Un líder empático utiliza un lenguaje que reconoce y valida las emociones de los demás. Esto podría ser tan simple como decir "Entiendo que esto debe ser difícil para ti" o "Aprecio cómo te sientes respecto a esto". Al reconocer las emociones de los demás, un líder muestra que se preocupa por las personas, no solo por los resultados. Este enfoque no solo mejora la relación entre el líder y su equipo, sino que también crea un ambiente en el que las personas se sienten seguras para ser honestas y abiertas sobre sus desafíos y preocupaciones. La empatía en el lenguaje del liderazgo no solo facilita una mejor comunicación, sino que también fortalece el sentido de comunidad y apoyo mutuo.

La coherencia entre el lenguaje verbal y no verbal es fundamental en el liderazgo. Las palabras de un líder deben estar alineadas con sus acciones y su lenguaje corporal. Si un líder dice que valora las ideas de su equipo, pero luego no presta atención cuando alguien comparte una idea, hay una desconexión que puede minar la confianza y el respeto. La coherencia refuerza la credibilidad del líder y asegura que su mensaje sea recibido de la manera en que fue intencionado. Cuando las palabras y las acciones están alineadas, el líder proyecta autenticidad y confiabilidad, lo que fortalece la influencia y el impacto que tiene sobre los demás.

Otra faceta del lenguaje del liderazgo es la capacidad de inspirar a través de la comunicación. Un líder inspirador es capaz de articular una visión clara y convincente del futuro, de manera que otros se sientan motivados a seguir esa visión. Esto implica no solo describir un objetivo, sino también conectar ese objetivo con los valores y aspiraciones de las personas. Al hacerlo, un líder puede transformar una tarea mundana en una misión significativa, lo que aumenta el compromiso y la dedicación del equipo. La inspiración a través del lenguaje no se trata solo de usar palabras grandiosas, sino de conectar emocionalmente con los demás, de manera que sientan que su trabajo tiene un propósito y un impacto real.

El lenguaje del liderazgo también implica la capacidad de dar retroalimentación de manera constructiva. La retroalimentación es una parte crucial del desarrollo y la mejora continua, pero debe ser manejada con cuidado para ser efectiva. Un líder que da retroalimentación de manera constructiva se enfoca en los comportamientos y resultados, no en la persona, y ofrece sugerencias claras para la mejora. Por ejemplo, en lugar de decir "Esto no estuvo bien", un líder podría decir "En esta situación, podrías haber considerado esta alternativa para obtener un mejor resultado". Este enfoque no solo ayuda a la persona a entender cómo puede mejorar, sino que también evita que se sienta atacada o desmoralizada. La retroalimentación constructiva es una herramienta poderosa para el crecimiento, tanto individual como organizacional.

Finalmente, el lenguaje del liderazgo incluye la capacidad de crear un sentido de pertenencia y comunidad. Un líder que utiliza un lenguaje inclusivo y colaborativo fomenta un ambiente en el que todos se sienten parte de un equipo. Esto podría ser tan simple como usar "nosotros" en lugar de "yo" o "tú", lo que refuerza la idea de que todos están trabajando juntos hacia un objetivo común. Un lenguaje que promueve la inclusión y la colaboración no solo fortalece la cohesión del equipo, sino que también asegura que todos se sientan valorados y respetados por su contribución.

En resumen, el lenguaje del liderazgo es mucho más que las palabras que se eligen; es una combinación de comunicación verbal y no verbal, escucha activa, preguntas efectivas, empatía, coherencia, inspiración, retroalimentación constructiva y un enfoque en la inclusión y la colaboración. Un líder que domina este lenguaje puede influir de manera más efectiva, conectar más profundamente con su equipo y guiar a su organización hacia el éxito. Al comprender y aplicar los principios del lenguaje del liderazgo, no solo nos convertimos en mejores comunicadores, sino también en líderes más efectivos, capaces de inspirar, motivar y guiar a otros hacia logros significativos y duraderos.

Construcción de Relaciones de Confianza

Construir relaciones de confianza es una de las piedras angulares del liderazgo efectivo. La confianza es el fundamento sobre el cual se basa cualquier relación sólida, ya sea en un entorno profesional, personal o comunitario. En el contexto del liderazgo, la confianza es lo que permite que un equipo funcione de manera armoniosa, que las personas se sientan seguras para compartir sus ideas y preocupaciones, y que se pueda avanzar hacia objetivos comunes con cohesión y compromiso. Sin confianza, es casi imposible que un líder pueda guiar a su equipo de manera efectiva, ya que la desconfianza genera incertidumbre, miedo y falta de compromiso.

La confianza no se otorga automáticamente; debe ganarse y construirse con el tiempo. Para un líder, esto significa actuar de manera coherente, ser honesto y transparente, y demostrar integridad en cada acción. Las personas confían en los líderes que cumplen sus promesas, que actúan de acuerdo con lo que dicen y que toman decisiones con integridad. Este tipo de coherencia entre palabras y acciones es crucial, ya que cualquier discrepancia puede socavar rápidamente la confianza que un líder ha trabajado para construir. Cuando los miembros del equipo ven que un líder actúa con integridad, están más dispuestos a confiar en él, lo que facilita una comunicación abierta y una colaboración efectiva.

La transparencia es otro elemento clave en la construcción de la confianza. Un líder transparente es aquel que comparte información de manera abierta y honesta, sin ocultar detalles importantes o tomar decisiones a puerta cerrada. La transparencia no significa compartir absolutamente todo, pero sí implica que un líder explique claramente las razones detrás de sus decisiones, sea abierto acerca de los desafíos que enfrenta el equipo y esté dispuesto a admitir cuando no tiene todas las respuestas. Esta apertura crea un ambiente en el que las personas se sienten informadas y partícipes de lo que está sucediendo, lo que a su vez refuerza la confianza. Cuando las personas sienten que tienen la información necesaria y que no se les oculta nada, están más dispuestas a confiar en las decisiones del líder y a apoyar su visión.

Escuchar activamente también es esencial para construir relaciones de confianza. Un líder que escucha no solo oye las palabras, sino que también capta el significado y las emociones detrás de lo que se dice. La escucha activa demuestra a los demás que sus opiniones son valoradas y que sus preocupaciones son importantes. Cuando un líder escucha de manera genuina, establece un tono de respeto mutuo, lo que fortalece la relación entre el líder y los miembros del equipo. Este tipo de escucha no solo se limita a las conversaciones en persona; también se refleja en la capacidad del líder para estar disponible y accesible, ya sea en reuniones, por correo electrónico o en otros canales de comunicación. La accesibilidad y disposición para escuchar refuerzan la confianza, ya que las personas saben que pueden acudir a su líder con cualquier tema, grande o pequeño.

La empatía es otra herramienta poderosa en la construcción de confianza. Un líder empático es aquel que puede ponerse en el lugar de los demás, entender sus emociones y perspectivas, y actuar de acuerdo con ese entendimiento. La empatía no solo ayuda a los líderes a conectar a un nivel más profundo con los miembros de su equipo, sino que también facilita la resolución de conflictos y la toma de decisiones que consideren el bienestar de todos los involucrados. Cuando las personas sienten que su líder realmente se preocupa por ellas, están más dispuestas a confiar en él, a ser honestas y a comprometerse plenamente con el trabajo en equipo. La empatía no se trata solo de ser amable; es una habilidad que fortalece la confianza al mostrar a los demás que sus sentimientos y experiencias son comprendidos y valorados.

Además de la empatía, la construcción de relaciones de confianza también requiere consistencia en el comportamiento del líder. Las personas confían en aquellos que son predecibles en sus acciones y respuestas. Esto significa que un líder debe ser consistente en cómo trata a las personas, en cómo toma decisiones y en cómo maneja los desafíos. La consistencia genera un sentido de seguridad y previsibilidad, lo que permite que las personas se sientan más cómodas y confiadas en su entorno de trabajo. Si un líder es inconsistente o impredecible, la confianza puede erosionarse rápidamente, ya que las personas no sabrán qué esperar ni cómo comportarse para mantener una relación positiva con el líder.

La construcción de relaciones de confianza también implica dar confianza a los demás. Un líder que confía en su equipo, que delega responsabilidades y que cree en las capacidades de las personas, está sentando las bases para una relación basada en la confianza mutua. Cuando un líder muestra confianza en su equipo, los miembros del equipo se sienten valorados y motivados para cumplir con las expectativas. Esta confianza debe ser genuina, no solo un acto de palabras vacías. Implica permitir que las personas tomen decisiones, cometan errores y aprendan de ellos, sin temor a ser castigadas. Este tipo de entorno fomenta la innovación y el crecimiento, ya que las personas se sienten seguras para probar nuevas ideas y asumir riesgos calculados.

Otro aspecto importante en la construcción de la confianza es la capacidad del líder para manejar de manera justa y equitativa los conflictos y desacuerdos. En cualquier grupo, surgirán diferencias de opinión, y la manera en que un líder maneja estas situaciones puede fortalecer o debilitar la confianza. Un líder que aborda los conflictos con imparcialidad, que escucha todas las partes involucradas y que busca soluciones que beneficien a todos, está demostrando que valora la justicia y el respeto mutuo. Este enfoque no solo resuelve los conflictos de manera efectiva, sino que también refuerza la confianza en la capacidad del líder para guiar al equipo a través de situaciones difíciles.

La construcción de relaciones de confianza también se ve reforzada por el reconocimiento y la apreciación. Un líder que reconoce y valora las contribuciones de los demás, que muestra gratitud por el trabajo bien hecho y que celebra los éxitos, está fortaleciendo la relación de confianza. El reconocimiento no siempre tiene que ser público o grandioso; a veces, una simple palabra de agradecimiento puede tener un impacto significativo. Cuando las personas se sienten valoradas por su líder, su confianza en él crece, así como su motivación para seguir contribuyendo al éxito del equipo. El reconocimiento también demuestra que el líder está atento a los esfuerzos de los demás, lo que refuerza la percepción de que el líder es justo y equitativo.

Finalmente, construir relaciones de confianza requiere tiempo y paciencia. La confianza no se establece de la noche a la mañana; es el resultado de una serie de interacciones positivas y coherentes a lo largo del tiempo. Un líder debe estar dispuesto a invertir tiempo en construir y mantener la confianza, a través de acciones constantes y significativas. Esto incluye ser paciente con los demás, entender que la confianza puede ser frágil y estar dispuesto a trabajar para reconstruirla si alguna vez se rompe. La paciencia también implica dar a las personas el tiempo necesario para adaptarse, para aprender y para crecer en sus roles, sabiendo que la confianza se fortalecerá a medida que se desarrolle la relación.

En resumen, la construcción de relaciones de confianza es esencial para cualquier líder que busque guiar a su equipo de manera efectiva. La confianza se basa en la integridad, la transparencia, la escucha activa, la empatía, la consistencia, la capacidad de confiar en los demás, el manejo justo de los conflictos, el reconocimiento y la paciencia. Un líder que cultiva la confianza crea un ambiente de trabajo en el que las personas se sienten seguras, valoradas y motivadas para dar lo mejor de sí mismas. Este tipo de ambiente no solo mejora el rendimiento del equipo, sino que también fomenta un sentido de comunidad y colaboración que es esencial para el éxito a largo plazo. Al entender y aplicar los principios de la construcción de relaciones de confianza, los líderes pueden fortalecer su capacidad para influir, inspirar y guiar a sus equipos hacia logros significativos y duraderos.

Influencia sin Autoridad

La influencia sin autoridad es uno de los desafíos más interesantes y a la vez poderosos que un líder puede enfrentar. En muchas situaciones, especialmente al comienzo de una carrera o en un nuevo entorno, no se tiene el título o el poder formal que viene con un cargo de liderazgo. Sin embargo, esto no significa que no se pueda tener un impacto significativo en los demás o en la dirección que toma un proyecto o una organización. De hecho, la capacidad de influir sin autoridad es una de las habilidades más valiosas que un líder puede desarrollar, ya que se basa en la capacidad de persuadir, motivar y guiar a otros sin depender del poder que otorga un puesto formal.

La influencia sin autoridad comienza con la credibilidad personal. Las personas tienden a seguir a quienes respetan y en quienes confían. Esta credibilidad no se gana con un título, sino con acciones consistentes, conocimiento y la demostración de un compromiso genuino con los objetivos compartidos. Cuando alguien demuestra competencia en su trabajo, ofrece soluciones valiosas y cumple con sus promesas, empieza a construir una reputación de confiabilidad. Esta reputación es la base de la influencia, ya que otros estarán más dispuestos a escuchar, considerar y seguir las recomendaciones de alguien que ha demostrado ser competente y confiable.

Además de la credibilidad, la influencia sin autoridad también depende de la capacidad de construir relaciones sólidas. Las relaciones son el puente que permite a una persona influir en los demás, incluso sin tener poder formal. Esto implica tomarse el tiempo para conocer a las personas, entender sus motivaciones, preocupaciones y aspiraciones, y mostrar un interés genuino por su bienestar. Las personas son más propensas a ser influenciadas por alguien que demuestra empatía y comprensión, que por alguien que simplemente intenta imponer su voluntad. Al construir relaciones basadas en el respeto mutuo y la colaboración, se crea un ambiente en el que la influencia fluye de manera natural, ya que las personas sienten que están trabajando juntas hacia un objetivo común.

Otra herramienta clave para influir sin autoridad es la comunicación efectiva. La forma en que se presenta una idea puede ser tan importante como la idea en sí. Un líder que sabe cómo comunicar su visión de manera clara, persuasiva y adaptada a la audiencia tiene una ventaja significativa cuando se trata de influir en los demás. Esto implica no solo hablar de manera elocuente, sino también escuchar activamente y adaptar el mensaje para que resuene con las preocupaciones y aspiraciones de quienes lo escuchan. La comunicación efectiva también incluye la capacidad de articular los beneficios de una idea o acción, no solo para la organización, sino también para los individuos involucrados. Cuando las personas ven cómo algo les beneficia personalmente, están más dispuestas a apoyar y seguir esa idea.

La habilidad de influir sin autoridad también se basa en la capacidad de liderar con el ejemplo. Las acciones hablan más fuerte que las palabras, y cuando alguien demuestra el comportamiento que espera de los demás, es más probable que esos comportamientos sean adoptados. Esto significa ser proactivo, asumir responsabilidades, y trabajar con dedicación y entusiasmo. Cuando otros ven que alguien está dispuesto a hacer el esfuerzo adicional, a enfrentar desafíos y a mantener una actitud positiva, es más probable que sigan ese ejemplo. Liderar con el ejemplo no requiere autoridad formal, pero sí exige integridad y consistencia en cada acción.

La persuasión es otro aspecto importante de la influencia sin autoridad. La persuasión es el arte de convencer a otros de que apoyen una idea o tomen una acción específica. A diferencia de la coerción, que se basa en la presión o el poder, la persuasión se basa en la lógica, la emoción y la credibilidad. Para persuadir a alguien, es crucial entender su perspectiva y lo que le motiva. Esto permite presentar argumentos que resonarán con sus valores e intereses. Además, la persuasión efectiva a menudo implica contar historias o dar ejemplos que hagan que la idea sea más tangible y relatable. Cuando se logra conectar con las emociones y experiencias de las personas, es más probable que se gane su apoyo.

El trabajo en equipo es otro aspecto fundamental para influir sin autoridad. En muchos casos, la influencia se ejerce mejor cuando se trabaja en colaboración con otros. Esto implica no solo hacer sugerencias o proponer ideas, sino también involucrarse activamente en el proceso de implementación. Cuando alguien es visto como un colaborador valioso y no solo como un observador o crítico, es más probable que sus ideas sean aceptadas y que su influencia crezca. El trabajo en equipo también permite compartir el crédito por los éxitos, lo que refuerza las relaciones y aumenta la disposición de los demás a seguir liderazgos informales en el futuro.

La adaptabilidad es otra habilidad clave en la influencia sin autoridad. Las situaciones cambian, y un líder efectivo debe ser capaz de ajustar su enfoque según las circunstancias. Esto podría implicar cambiar de estrategia si una idea no está siendo bien recibida, o ser flexible en cuanto a los métodos de trabajo para acomodar las necesidades de los demás. La adaptabilidad también significa estar abierto a nuevas ideas y perspectivas, y estar dispuesto a aprender de los demás. Cuando alguien muestra que es adaptable y capaz de ajustar su enfoque para lograr los mejores resultados, se gana el respeto de los demás, lo que a su vez aumenta su capacidad de influencia.

Otra herramienta valiosa es el uso de la retroalimentación constructiva. La capacidad de dar y recibir retroalimentación de manera efectiva es crucial para influir sin autoridad. Cuando se da retroalimentación de manera respetuosa y útil, se demuestra un compromiso con el desarrollo y el éxito de los demás. Esto no solo fortalece las relaciones, sino que también establece un tono de respeto mutuo y colaboración. Además, estar dispuesto a recibir retroalimentación y a actuar en consecuencia muestra humildad y apertura, cualidades que aumentan la credibilidad y la capacidad de influir en los demás.

Es importante también mencionar la paciencia como un componente esencial de la influencia sin autoridad. Cambiar mentes y corazones no siempre ocurre de la noche a la mañana. Puede tomar tiempo para que las ideas sean aceptadas y para que las personas se sientan cómodas siguiendo un liderazgo informal. Un líder que sabe cómo influir sin autoridad debe ser paciente y persistente, manteniendo el enfoque en sus objetivos y continuando el esfuerzo incluso cuando los resultados no son inmediatos. La paciencia también implica estar dispuesto a repetir mensajes importantes, a reforzar ideas y a estar disponible para apoyar a los demás en su propio proceso de toma de decisiones.

La influencia sin autoridad también requiere una mentalidad de servicio. Un líder que busca influir desde un lugar de servicio a los demás, y no de autoengrandecimiento, es más efectivo en generar cambios positivos. Esto significa poner las necesidades del equipo y de la organización por encima de las propias ambiciones, y trabajar para apoyar a otros en su éxito. Cuando las personas ven que alguien está genuinamente comprometido con su bienestar y éxito, están más dispuestas a seguir su liderazgo, incluso si no tiene autoridad formal. La mentalidad de servicio crea una dinámica de confianza y reciprocidad que es fundamental para la influencia.

Finalmente, la influencia sin autoridad implica estar dispuesto a compartir el crédito por los logros. Un líder que influye sin autoridad entiende que el éxito es el resultado de un esfuerzo colectivo y no busca acaparar el reconocimiento. Compartir el crédito no solo fortalece las relaciones, sino que también motiva a los demás a continuar trabajando juntos hacia los objetivos comunes. Este enfoque colaborativo refuerza la idea de que el liderazgo no se trata de un título o poder, sino de la capacidad de trabajar con otros para lograr un impacto positivo. La disposición a compartir el éxito y a reconocer las contribuciones de todos es una señal de un líder maduro y seguro, que entiende el verdadero significado de la influencia.

En resumen, la influencia sin autoridad es una habilidad crucial para cualquier líder, ya que no siempre se tiene el poder formal para guiar a los demás. Esta influencia se construye a través de la credibilidad, las relaciones sólidas, la comunicación efectiva, el liderazgo con el ejemplo, la persuasión, el trabajo en equipo, la adaptabilidad, la retroalimentación constructiva, la paciencia, la mentalidad de servicio y la disposición a compartir el crédito. Al desarrollar y aplicar estas habilidades, cualquier persona puede influir de manera efectiva, motivar a los demás y guiar a su equipo hacia el éxito, independientemente de su posición formal en la organización.

Una Habilidad de Liderazgo Subestimada

En el mundo del liderazgo, muchas habilidades se destacan como esenciales: la capacidad de tomar decisiones, la visión estratégica, la comunicación efectiva, entre otras. Sin embargo, hay una habilidad que a menudo se subestima, pero que es fundamental para cualquier líder que quiera tener un impacto duradero: la capacidad de escuchar. Escuchar, aunque puede parecer algo simple o secundario, es en realidad una de las herramientas más poderosas que un líder puede poseer. No se trata solo de oír lo que otros dicen, sino de verdaderamente entender, procesar y actuar en base a esa información. Esta habilidad, cuando se cultiva y se practica conscientemente, puede transformar la forma en que un líder se conecta con su equipo, toma decisiones y guía a su organización.

Escuchar es mucho más que simplemente prestar atención a las palabras de otra persona. Es un proceso activo que requiere concentración, empatía y un esfuerzo deliberado por comprender el contexto, las emociones y las intenciones detrás de lo que se dice. Un líder que escucha bien es capaz de captar las sutilezas de una conversación, de percibir lo que no se dice explícitamente y de leer entre líneas para obtener una comprensión más completa de la situación. Este tipo de escucha profunda no solo mejora la comunicación, sino que también fortalece las relaciones, ya que las personas se sienten verdaderamente escuchadas y comprendidas. Cuando un líder demuestra que valora lo que otros tienen que decir, se genera un ambiente de confianza y respeto mutuo, lo que a su vez fomenta la colaboración y el compromiso.

Una de las razones por las que la habilidad de escuchar se subestima es porque a menudo se asocia con pasividad. En un mundo que valora la acción, el hablar, el decidir y el hacer, la escucha puede parecer una actividad secundaria o incluso innecesaria. Sin embargo, nada podría estar más lejos de la verdad. Escuchar es una forma activa de liderazgo, ya que permite al líder recopilar la información necesaria para tomar decisiones informadas, comprender las necesidades y preocupaciones de su equipo, y detectar posibles problemas antes de que se conviertan en crisis. La escucha activa es, en realidad, una forma de liderazgo proactivo, ya que permite al líder anticiparse a los desafíos y responder de manera efectiva a las oportunidades.

Otra razón por la que la escucha se subestima es porque a menudo se confunde con simplemente estar presente en una conversación. Pero escuchar activamente es mucho más que eso. Implica no solo prestar atención a las palabras, sino también a los gestos, el tono de voz, el lenguaje corporal y las emociones que acompañan a lo que se dice. Es una habilidad que requiere concentración y un esfuerzo consciente para no solo captar el mensaje literal, sino también el subtexto emocional y contextual. Un líder que domina la habilidad de escuchar es capaz de entender las verdaderas preocupaciones de su equipo, incluso cuando estas no se expresan de manera directa. Esto le permite responder de manera más efectiva y tomar decisiones que consideren tanto los hechos como las emociones involucradas.

Escuchar también es fundamental para la resolución de conflictos, una tarea que todos los líderes enfrentan en algún momento. Los conflictos a menudo surgen cuando las personas sienten que no están siendo escuchadas o comprendidas. Un líder que puede escuchar activamente a todas las partes involucradas tiene una mejor oportunidad de mediar y encontrar una solución que satisfaga a todos. Al demostrar que se valoran las perspectivas de cada persona, el líder no solo resuelve el conflicto de manera más efectiva, sino que también fortalece la cohesión del equipo. La habilidad de escuchar en situaciones de conflicto no solo desactiva tensiones, sino que también crea un ambiente en el que las personas se sienten más seguras para expresar sus preocupaciones en el futuro, sabiendo que serán escuchadas con respeto.

Además, la capacidad de escuchar está intrínsecamente ligada a la empatía, otra habilidad clave para el liderazgo. Escuchar con empatía significa ponerse en el lugar del otro, intentar entender su perspectiva y sentir lo que ellos sienten. Este tipo de escucha no solo fortalece la relación entre el líder y su equipo, sino que también permite al líder tomar decisiones más humanas y equitativas. Un líder que escucha con empatía es capaz de reconocer las emociones y necesidades de su equipo, lo que le permite responder de manera que fomente la confianza y el respeto mutuo. La empatía, alimentada por la escucha activa, crea un ambiente en el que las personas se sienten valoradas no solo por lo que hacen, sino también por lo que son.

Otro aspecto importante de la escucha es que permite al líder aprender y crecer. Ningún líder tiene todas las respuestas, y aquellos que lo reconocen y están dispuestos a escuchar a los demás tienen una ventaja significativa. Escuchar a otros permite al líder acceder a nuevas ideas, perspectivas y conocimientos que pueden enriquecer su propia comprensión y mejorar su capacidad para tomar decisiones. Un líder que escucha a su equipo, a sus colegas y a otras partes interesadas está constantemente aprendiendo y adaptándose, lo que le permite mantenerse relevante y eficaz en un entorno en constante cambio. Este tipo de aprendizaje continuo es esencial para cualquier líder que quiera tener un impacto duradero.

La capacidad de escuchar también es crucial para motivar y comprometer a un equipo. Las personas quieren sentirse valoradas y escuchadas, y cuando un líder demuestra que está dispuesto a escuchar sus ideas, preocupaciones y sugerencias, se sienten más motivadas para contribuir al éxito del equipo. Escuchar es una forma de reconocer la importancia de cada miembro del equipo, lo que a su vez fomenta un sentido de pertenencia y compromiso. Un equipo que se siente escuchado es un equipo que está dispuesto a trabajar más duro, a innovar y a superar desafíos, porque saben que su líder valora su aporte y está dispuesto a apoyar sus esfuerzos.

Además, la escucha activa es esencial para la toma de decisiones inclusiva. Un líder que escucha a su equipo antes de tomar decisiones importantes no solo obtiene una mayor cantidad de información, sino que también se asegura de que las decisiones sean más inclusivas y representen las perspectivas de todos los involucrados. Esto no solo mejora la calidad de las decisiones, sino que también aumenta la aceptación y el compromiso con las mismas. Las personas son más propensas a apoyar una decisión cuando sienten que han sido parte del proceso de toma de decisiones y que su opinión ha sido considerada. Escuchar a los demás no solo mejora las decisiones, sino que también fortalece el sentido de comunidad y colaboración dentro del equipo.

Finalmente, la capacidad de escuchar es fundamental para la innovación. Las mejores ideas a menudo surgen de conversaciones, discusiones y el intercambio de ideas entre personas con diferentes perspectivas y experiencias. Un líder que escucha activamente es capaz de captar estas ideas y fomentar un ambiente en el que la innovación puede florecer. Escuchar permite al líder identificar oportunidades, detectar problemas antes de que se conviertan en obstáculos y crear un entorno en el que las personas se sienten seguras para proponer ideas nuevas y desafiantes. La innovación no se trata solo de tener grandes ideas, sino también de escuchar y nutrir las ideas de los demás, y esto solo es posible cuando la escucha activa es una parte central del estilo de liderazgo.

En conclusión, la capacidad de escuchar es una habilidad de liderazgo subestimada, pero absolutamente esencial. Escuchar activamente permite al líder comprender mejor a su equipo, tomar decisiones más informadas, resolver conflictos de manera efectiva, aprender y crecer, motivar y comprometer a su equipo, tomar decisiones inclusivas y fomentar la innovación. Aunque a menudo se pasa por alto en favor de habilidades más llamativas como la toma de decisiones o la visión estratégica, la capacidad de escuchar es lo que realmente distingue a un líder eficaz de uno mediocre. Al cultivar y practicar la habilidad de escuchar, un líder puede no solo mejorar su propia eficacia, sino también crear un entorno en el que todos se sientan valorados, respetados y motivados para dar lo mejor de sí mismos.

¿Por Qué Quieres Ser un Líder?

¿Por qué quieres ser un líder? Es una pregunta simple, pero su respuesta puede revelar mucho sobre tu verdadera motivación y propósito. Querer ser un líder es una aspiración común, pero las razones detrás de este deseo pueden variar ampliamente. Algunas personas buscan liderazgo por el reconocimiento o el prestigio que conlleva, mientras que otras están motivadas por un deseo genuino de ayudar a los demás a alcanzar su máximo potencial. Sea cual sea la razón, es importante reflexionar profundamente sobre ella, ya que la motivación detrás de tu deseo de ser un líder influirá en cómo ejerces ese liderazgo y en el impacto que tendrás en quienes te rodean.

Una razón común por la que muchos desean ser líderes es el poder. El poder puede ser una herramienta muy poderosa cuando se usa correctamente, pero también puede ser peligroso si se persigue por las razones equivocadas. Algunas personas ven el liderazgo como una forma de obtener control sobre los demás, de imponer su voluntad y de sentirse importantes. Sin embargo, este tipo de motivación a menudo conduce a un liderazgo autoritario y poco efectivo. El poder por sí solo no es suficiente para ser un buen líder. De hecho, los líderes más efectivos no se centran en el poder que tienen, sino en cómo pueden utilizarlo para servir a los demás y para el bien común. Si tu principal motivación para ser un líder es el poder, es importante que te detengas a reflexionar sobre cómo planeas usar ese poder y si estás dispuesto a asumir la responsabilidad que conlleva.

Otra razón por la que alguien podría querer ser un líder es el deseo de hacer una diferencia. Este es un motivo más noble y, a menudo, más efectivo. Los líderes que están motivados por un deseo genuino de mejorar su entorno, de ayudar a las personas a crecer y de hacer del mundo un lugar mejor, tienden a ser más comprometidos y a tener un impacto más positivo. Estos líderes no buscan el reconocimiento personal, sino que se centran en los resultados y en el bienestar de los demás. El deseo de hacer una diferencia es lo que impulsa a muchos líderes a superar los desafíos y a seguir adelante, incluso cuando las cosas se ponen difíciles. Si tu motivación para ser un líder es este deseo de impacto positivo, estás en el camino correcto, pero es importante recordar que este tipo de liderazgo también requiere sacrificio, paciencia y un enfoque constante en los objetivos a largo plazo.

El deseo de ser un líder también puede estar motivado por la búsqueda de crecimiento personal. Liderar a otros es una forma poderosa de aprender sobre uno mismo, de desarrollar habilidades y de enfrentar desafíos que te empujan fuera de tu zona de confort. El liderazgo es una oportunidad para crecer tanto personal como profesionalmente, y muchos aspiran a liderar porque ven en ello una forma de convertirse en la mejor versión de sí mismos. Esta es una motivación válida y valiosa, pero es crucial que no se pierda de vista que el liderazgo no se trata solo de ti, sino también de los demás. Crecer como líder significa estar dispuesto a escuchar, a aprender de los demás y a poner las necesidades del equipo por encima de las tuyas cuando sea necesario. Si te motiva el crecimiento personal, asegúrate de equilibrar esto con un compromiso genuino hacia el desarrollo y bienestar de las personas que lideras.

Algunas personas desean ser líderes porque disfrutan del desafío. Liderar no es fácil, y aquellos que buscan constantemente retos nuevos y estimulantes pueden ver en el liderazgo una oportunidad para probarse a sí mismos. Liderar implica tomar decisiones difíciles, navegar en situaciones complejas y manejar la presión de ser responsable del éxito o fracaso de un equipo. Este tipo de desafío puede ser emocionante para quienes prosperan en ambientes de alta presión y disfrutan resolviendo problemas difíciles. Sin embargo, es importante recordar que el liderazgo no es solo un desafío personal, sino también una responsabilidad hacia otros. Si tu motivación es enfrentar desafíos, asegúrate de que también estás preparado para asumir la responsabilidad que conlleva liderar a otros, incluyendo el bienestar emocional y profesional de tu equipo.

Otra razón por la que alguien podría querer ser un líder es el deseo de guiar y enseñar a otros. Para algunos, la mayor satisfacción del liderazgo viene de ver a otros crecer y desarrollarse bajo su guía. Este tipo de líder actúa como un mentor, compartiendo su conocimiento y experiencia para ayudar a otros a alcanzar su potencial. Si te motiva este deseo de guiar y enseñar, estás en una posición ideal para ser un líder efectivo, ya que este tipo de liderazgo fomenta un ambiente de aprendizaje continuo y desarrollo personal. Sin embargo, es importante recordar que ser un buen mentor también implica estar dispuesto a aprender de los demás y a aceptar que cada persona tiene su propio camino y ritmo de crecimiento. El liderazgo basado en la mentoría es un viaje de aprendizaje mutuo, donde tanto el líder como los liderados crecen juntos.

El reconocimiento y el prestigio también son motivaciones comunes para quienes desean ser líderes. No se puede negar que el liderazgo a menudo conlleva un cierto nivel de reconocimiento, ya que los líderes son visibles y sus logros son a menudo reconocidos públicamente. Sin embargo, liderar solo por el prestigio puede ser una trampa peligrosa. El liderazgo efectivo no se trata de recibir aplausos o de estar en el centro de atención, sino de hacer el trabajo necesario para guiar a un equipo hacia el éxito. Si el reconocimiento es tu principal motivación, es posible que te enfrentes a la decepción, ya que el liderazgo a menudo implica un trabajo arduo y no siempre visible. Además, liderar solo para ser reconocido puede llevar a decisiones egoístas y a una desconexión con las necesidades reales del equipo. Es crucial que el deseo de reconocimiento se equilibre con un compromiso genuino hacia el trabajo y hacia las personas a las que lideras.

Para algunos, el liderazgo es una oportunidad para dejar un legado. Quieren ser recordados por algo significativo, por haber hecho una contribución duradera. Esta motivación puede ser muy poderosa, ya que impulsa a los líderes a pensar en el largo plazo y a tomar decisiones que no solo beneficien a su equipo u organización en el presente, sino que también tengan un impacto positivo en el futuro. El deseo de dejar un legado es una motivación noble, pero es importante recordar que un legado no se construye de la noche a la mañana. Requiere consistencia, compromiso y un enfoque constante en los valores y principios que guían tu liderazgo. Si tu motivación es dejar un legado, es fundamental que te mantengas fiel a tus valores y que siempre pongas el bien común por encima de los intereses personales.

Es también posible que quieras ser un líder porque te apasiona un tema o una causa específica. Los líderes apasionados por una causa a menudo tienen un impacto significativo porque están profundamente comprometidos y motivados por algo más grande que ellos mismos. Esta pasión puede inspirar a otros y generar un movimiento o cambio real. Si te motiva una causa, es importante que mantengas esa pasión viva y que la canalices de manera constructiva. Sin embargo, también es crucial recordar que la pasión por sí sola no es suficiente. Necesitas combinarla con habilidades de liderazgo, estrategia y la capacidad de escuchar y adaptarte a las necesidades de tu equipo. La pasión debe ser el motor que impulsa tu liderazgo, pero también debes estar dispuesto a hacer el trabajo necesario para convertir esa pasión en resultados concretos.

Finalmente, es posible que desees ser un líder porque sientes que es tu llamado. Algunas personas sienten una vocación natural hacia el liderazgo, como si estuvieran destinados a guiar a otros. Esta sensación de llamado puede ser una fuente poderosa de motivación, ya que impulsa a los líderes a actuar con propósito y determinación. Sin embargo, incluso si sientes que el liderazgo es tu destino, es importante recordar que el liderazgo es un viaje continuo de aprendizaje y crecimiento. Debes estar dispuesto a trabajar en ti mismo, a desarrollar tus habilidades y a estar siempre abierto a aprender de las experiencias y de las personas que te rodean. El liderazgo no es un destino final, sino un proceso continuo de evolución personal y profesional.

En conclusión, es fundamental que te tomes el tiempo para reflexionar sobre por qué quieres ser un líder. La motivación detrás de tu deseo de liderar influirá en cómo ejerces ese liderazgo y en el impacto que tendrás en los demás. Ya sea que te motive el poder, el deseo de hacer una diferencia, el crecimiento personal, el desafío, la guía de otros, el reconocimiento, el legado, la pasión por una causa o una sensación de llamado, lo más importante es que tu motivación esté alineada con un propósito mayor que tú mismo. El liderazgo es una responsabilidad y un privilegio, y aquellos que lideran con integridad, empatía y un enfoque en el bien común son los que realmente dejan una marca duradera.

Crear un Futuro Inspirador

Crear un futuro inspirador es una de las tareas más importantes y desafiantes que enfrenta un líder. Cuando pensamos en liderazgo, es común imaginar a alguien que toma decisiones importantes, gestiona equipos y resuelve problemas. Sin embargo, un aspecto esencial del liderazgo que a menudo se pasa por alto es la capacidad de imaginar y construir un futuro que inspire a los demás a seguir adelante, incluso en tiempos de incertidumbre. Un líder que es capaz de crear una visión inspiradora no solo guía a su equipo en el presente, sino que también les da un sentido de propósito y dirección que les motiva a trabajar hacia algo más grande que ellos mismos.

El primer paso para crear un futuro inspirador es tener una visión clara. Esta visión no tiene que ser grandiosa o complicada, pero sí debe ser lo suficientemente poderosa como para resonar con las personas y motivarlas a actuar. Una visión inspiradora es aquella que conecta con los valores y aspiraciones de quienes la escuchan. No se trata solo de lo que quieres lograr como líder, sino de lo que esa visión representa para el equipo, la organización o la comunidad en general. Un futuro inspirador es uno en el que todos pueden verse reflejados, donde cada miembro del equipo siente que tiene un papel importante que desempeñar y que su trabajo contribuye a un objetivo mayor.

Una vez que has definido una visión clara, el siguiente paso es comunicarla de manera efectiva. No basta con tener una gran idea en tu mente; debes ser capaz de articular esa idea de manera que otros la entiendan y se sientan inspirados por ella. La comunicación efectiva es clave para crear un futuro inspirador. Esto implica no solo compartir la visión, sino también explicar por qué es importante, cómo se puede lograr y qué papel desempeñará cada persona en su realización. Es importante ser transparente y honesto al comunicar la visión, reconociendo los desafíos que se presentarán, pero también destacando las oportunidades y beneficios que vendrán al lograrla. La forma en que presentas la visión puede hacer una gran diferencia en cómo se recibe y en la motivación que genera en los demás.

Un líder que quiere crear un futuro inspirador también debe estar dispuesto a escuchar y adaptar su visión según sea necesario. Una visión inspiradora no es estática; debe evolucionar a medida que cambian las circunstancias y se desarrollan nuevas ideas. Escuchar a tu equipo y estar abierto a sus aportes es fundamental para asegurarte de que la visión siga siendo relevante y significativa para todos. Además, cuando las personas sienten que han contribuido a la creación de la visión, están más comprometidas con ella y más dispuestas a trabajar para hacerla realidad. La inclusión y la colaboración son aspectos clave en la construcción de un futuro inspirador.

Otra parte importante de crear un futuro inspirador es demostrar un compromiso inquebrantable con la visión. Como líder, tu actitud y comportamiento sirven como modelo para los demás. Si quieres que las personas crean en el futuro que estás imaginando, debes ser el primero en demostrar tu fe en esa visión a través de tus acciones. Esto significa ser consistente en tus decisiones, mantener un enfoque en el largo plazo y estar dispuesto a hacer sacrificios cuando sea necesario para mantener el rumbo hacia el futuro deseado.

El compromiso del líder es lo que da credibilidad a la visión y lo que inspira a los demás a seguir adelante, incluso cuando las cosas se ponen difíciles.

Además de comunicar y comprometerte con la visión, es esencial que como líder también tomes medidas concretas para comenzar a construir ese futuro. Un futuro inspirador no se crea solo con palabras, sino con acciones. Esto significa desarrollar planes y estrategias que te acerquen a la visión, establecer metas claras y alcanzables, y tomar decisiones que estén alineadas con el futuro que quieres crear. Estas acciones no solo demuestran tu compromiso con la visión, sino que también muestran a los demás que el futuro que imaginas es posible. Ver progresos tangibles, aunque sean pequeños, puede ser increíblemente motivador para un equipo y refuerza la creencia de que están en el camino correcto.

Es importante recordar que crear un futuro inspirador también implica enfrentar desafíos y superar obstáculos. Ningún camino hacia un futuro mejor es fácil o libre de dificultades. Parte del trabajo de un líder es prever estos desafíos y preparar al equipo para enfrentarlos. Esto requiere resiliencia, adaptabilidad y una mentalidad de crecimiento. Los líderes que pueden mantener la visión viva incluso en tiempos difíciles, que pueden motivar a su equipo a perseverar y que encuentran formas creativas de superar los obstáculos son aquellos que realmente logran crear un futuro inspirador. La capacidad de mantenerse firme y optimista frente a la adversidad es lo que distingue a los grandes líderes.

Otro aspecto fundamental de crear un futuro inspirador es asegurarte de que sea inclusivo. Un futuro verdaderamente inspirador es uno en el que todas las voces son escuchadas y valoradas. Esto significa que, como líder, debes esforzarte por construir una visión que sea representativa de las diversas perspectivas y experiencias dentro de tu equipo u organización. La inclusión no solo enriquece la visión, sino que también asegura que todos se sientan parte del proceso y estén motivados para contribuir. Crear un futuro que sea inclusivo y equitativo es esencial para el éxito a largo plazo, ya que fomenta un sentido de pertenencia y compromiso en todos los involucrados.

Finalmente, un líder que quiere crear un futuro inspirador debe ser capaz de celebrar los éxitos y aprender de los fracasos. Cada paso hacia la realización de la visión debe ser reconocido y celebrado, por pequeño que sea. Estos momentos de celebración no solo refuerzan el compromiso con la visión, sino que también sirven como recordatorio de lo lejos que han llegado y de lo que es posible. Al mismo tiempo, los fracasos y contratiempos deben ser vistos como oportunidades de aprendizaje. En lugar de desanimarse, un líder inspirador utiliza los fracasos como una oportunidad para ajustar la visión, aprender y crecer. Este enfoque positivo y resiliente es lo que mantiene viva la inspiración y lo que motiva al equipo a seguir adelante.

En resumen, crear un futuro inspirador es un proceso que requiere una visión clara, una comunicación efectiva, un compromiso inquebrantable, la capacidad de actuar, la disposición a enfrentar desafíos, la inclusión de diversas perspectivas y la capacidad de celebrar los éxitos y aprender de los fracasos. Es un viaje continuo que requiere dedicación y esfuerzo, pero que puede tener un impacto profundo y duradero en aquellos a quienes lideras. Un futuro inspirador no solo es una meta a alcanzar, sino un camino que se construye día a día con cada decisión, acción y actitud que tomas como líder. Al crear un futuro inspirador, no solo guías a tu equipo hacia un destino mejor, sino que también les das el valor y la motivación para ser parte activa de ese proceso, trabajando juntos para hacer realidad una visión compartida y significativa.

Liderar con Principios

Liderar con principios es esencial para cualquier persona que aspire a ser un líder auténtico y respetado. Los principios son las normas o valores fundamentales que guían nuestras acciones, decisiones y comportamiento. Son la base sobre la cual se construye la integridad y la credibilidad de un líder. Cuando lideras con principios, no solo estableces un estándar elevado para ti mismo, sino que también inspiras a otros a seguir esos mismos valores, creando un ambiente de confianza, respeto y colaboración.

Uno de los aspectos más importantes de liderar con principios es la consistencia. Un líder que actúa de acuerdo con sus principios, independientemente de las circunstancias, demuestra coherencia y firmeza en sus decisiones. Esto significa que no importa si estás enfrentando una situación fácil o difícil, siempre tomarás decisiones basadas en los mismos valores fundamentales. Esta consistencia genera confianza, ya que las personas a tu alrededor saben que pueden contar contigo para actuar de manera predecible y justa. Un líder inconsistente, que cambia sus principios según le conviene, pierde rápidamente la confianza de su equipo, ya que nadie sabe realmente qué esperar de él.

Otro aspecto crucial de liderar con principios es la honestidad. La honestidad es uno de los principios más valorados en cualquier ámbito de la vida, y en el liderazgo no es la excepción. Un líder honesto se gana el respeto de los demás porque dice la verdad, incluso cuando es difícil o incómodo. Ser honesto no significa solo no mentir, sino también ser transparente en tus intenciones y acciones. Un líder que es honesto con su equipo crea un ambiente donde las personas se sienten seguras para expresarse, hacer preguntas y compartir sus ideas. La honestidad fomenta la apertura y el diálogo, lo cual es esencial para la resolución de problemas y la innovación.

La integridad es otro principio fundamental en el liderazgo. La integridad se refiere a la capacidad de actuar de acuerdo con tus valores y principios, incluso cuando nadie está mirando. Es fácil seguir tus principios cuando todo va bien, pero el verdadero test de un líder es cómo actúa en momentos de presión o tentación. Un líder con integridad no se compromete ni hace concesiones cuando se trata de sus principios. Mantener la integridad significa tomar decisiones difíciles, incluso si eso significa sacrificar algo a corto plazo. Un líder con integridad es un modelo a seguir, no solo por lo que dice, sino por lo que hace.

El respeto es un principio esencial para cualquier líder que aspire a crear un ambiente positivo y productivo. Liderar con respeto significa valorar a cada persona como individuo, independientemente de su posición, antecedentes o habilidades. Un líder respetuoso escucha activamente a su equipo, considera sus opiniones y trata a todos con dignidad. El respeto también implica ser consciente de las diferencias y estar dispuesto a aprender de ellas. Un líder que muestra respeto gana el respeto de los demás, creando un ciclo positivo de confianza y colaboración. El respeto no solo fortalece las relaciones dentro del equipo, sino que también fomenta un sentido de pertenencia y motivación.

La responsabilidad es otro principio clave en el liderazgo. Un líder responsable no solo asume la responsabilidad de sus propias acciones, sino que también se hace responsable del bienestar y el éxito de su equipo. Esto significa estar dispuesto a aceptar las consecuencias de tus decisiones, tanto buenas como malas, y estar preparado para hacer los ajustes necesarios cuando las cosas no salen como se esperaba. La responsabilidad también implica ser proactivo en la resolución de problemas y en la identificación de oportunidades de mejora. Un líder responsable no busca excusas ni culpa a otros cuando algo sale mal, sino que se centra en encontrar soluciones y en aprender de las experiencias.

La justicia es un principio esencial para cualquier líder que aspire a ser equitativo y objetivo en sus decisiones. Liderar con justicia significa tratar a todos de manera equitativa, sin favoritismos ni prejuicios. Un líder justo evalúa a las personas y las situaciones basándose en hechos y méritos, no en preferencias personales o suposiciones. La justicia también implica ser transparente en los procesos de toma de decisiones y en la comunicación con el equipo. Un líder que actúa con justicia fomenta un ambiente de equidad, donde todos tienen las mismas oportunidades de éxito y donde se valora el esfuerzo y la dedicación. La justicia es la base de la confianza y el respeto mutuo en cualquier equipo.

El compromiso es otro principio que guía a los líderes efectivos. Un líder comprometido está dedicado a su visión, a su equipo y a los objetivos que se han propuesto alcanzar. Este compromiso se refleja en la disposición del líder para trabajar duro, superar obstáculos y perseverar, incluso cuando las cosas se ponen difíciles. El compromiso también significa estar disponible para tu equipo, ofrecer apoyo y orientación cuando sea necesario, y estar siempre dispuesto a dar un paso al frente en momentos de necesidad. Un líder comprometido inspira a su equipo a mantenerse enfocado y a seguir adelante, incluso en las circunstancias más desafiantes.

El principio de la empatía es fundamental en el liderazgo. Liderar con empatía significa ponerse en el lugar de los demás, entender sus perspectivas y preocupaciones, y responder de manera compasiva y comprensiva. La empatía no solo mejora las relaciones dentro del equipo, sino que también permite al líder tomar decisiones más informadas y sensibles. Un líder empático crea un ambiente donde las personas se sienten valoradas y comprendidas, lo que a su vez fomenta la lealtad y el compromiso. La empatía también ayuda a un líder a manejar conflictos de manera más efectiva, ya que permite entender mejor las emociones y motivaciones de las personas involucradas.

El principio de la humildad es crucial para cualquier líder que quiera mantenerse conectado con su equipo y aprender continuamente. Un líder humilde reconoce que no tiene todas las respuestas y está dispuesto a escuchar y aprender de los demás, independientemente de su posición o experiencia. La humildad también implica estar dispuesto a admitir errores y a aceptar críticas constructivas. Un líder humilde no busca el reconocimiento personal, sino el éxito del equipo en su conjunto. Este enfoque humilde y orientado al equipo crea un ambiente de colaboración y confianza, donde todos se sienten capacitados para contribuir y crecer.

Finalmente, el principio del servicio es central en el liderazgo. Liderar con un espíritu de servicio significa poner las necesidades de los demás por encima de las tuyas propias y estar dispuesto a hacer sacrificios para apoyar el éxito del equipo. Un líder que sirve a su equipo no solo dirige desde arriba, sino que también trabaja junto a ellos, apoyándolos y guiándolos en cada paso del camino. Este enfoque de servicio crea un sentido de unidad y propósito común, donde cada miembro del equipo siente que está trabajando hacia un objetivo compartido. Un líder que sirve a su equipo inspira lealtad, respeto y un fuerte sentido de comunidad.

En conclusión, liderar con principios es esencial para cualquier persona que quiera ser un líder auténtico, respetado y efectivo. Los principios como la consistencia, la honestidad, la integridad, el respeto, la responsabilidad, la justicia, el compromiso, la empatía, la humildad y el servicio forman la base sobre la cual se construye un liderazgo sólido y duradero. Estos principios no solo guían tus acciones y decisiones como líder, sino que también establecen el tono para todo el equipo, creando un ambiente donde la confianza, la colaboración y el respeto mutuo prosperan. Liderar con principios no es siempre fácil, pero es lo que distingue a los grandes líderes de los demás y lo que garantiza un impacto positivo y duradero en las personas y organizaciones a las que sirven.

Superar los Desafíos del Liderazgo

Superar los desafíos del liderazgo es una tarea que requiere no solo habilidades y conocimientos, sino también una gran dosis de resiliencia, creatividad y determinación. El camino del liderazgo está lleno de obstáculos, tanto grandes como pequeños, y la capacidad de un líder para enfrentarlos y superarlos es lo que define su éxito a largo plazo. Aunque cada desafío es único y puede requerir diferentes enfoques, existen algunos principios y estrategias fundamentales que pueden ayudarte a navegar por estos momentos difíciles y salir fortalecido al otro lado.

El primer paso para superar los desafíos del liderazgo es reconocer que estos desafíos son inevitables. No importa cuán preparado estés o cuánta experiencia tengas, siempre habrá momentos en los que te enfrentes a situaciones difíciles que pondrán a prueba tus habilidades como líder. Es importante entender que estos desafíos no son signos de fracaso, sino oportunidades para aprender, crecer y mejorar. Adoptar esta mentalidad te permite enfrentar los problemas con una actitud más positiva y proactiva, en lugar de sentirte abrumado o derrotado.

Uno de los desafíos más comunes en el liderazgo es la toma de decisiones difíciles. A menudo, como líder, te verás en la posición de tener que tomar decisiones que no serán populares o que implicarán sacrificios para ti o para tu equipo. Estas decisiones pueden variar desde recortes presupuestarios hasta cambios estratégicos que alteren la dirección de la organización. Para superar este tipo de desafíos, es fundamental que te mantengas fiel a tus principios y valores. Tomar decisiones basadas en lo que es justo y correcto, en lugar de lo que es fácil o conveniente, es lo que define a un verdadero líder. Además, es importante comunicar tus decisiones de manera clara y transparente, explicando las razones detrás de ellas y cómo beneficiarán al equipo u organización a largo plazo.

Otro desafío significativo en el liderazgo es la gestión de conflictos. Los conflictos son inevitables en cualquier equipo u organización, ya sea debido a diferencias de opinión, personalidades en choque o expectativas no cumplidas. Como líder, es tu responsabilidad mediar en estos conflictos de manera justa y efectiva, asegurando que no solo se resuelvan, sino que también se utilicen como oportunidades para mejorar la dinámica del equipo. La clave para superar este desafío es desarrollar habilidades de comunicación y empatía. Escuchar activamente a todas las partes involucradas, entender sus preocupaciones y encontrar un terreno común son pasos esenciales para resolver conflictos. Además, es importante abordar los problemas de manera oportuna, antes de que escalen y causen más daño.

La presión y el estrés son desafíos constantes en el liderazgo. Tomar decisiones importantes, gestionar equipos y cumplir con las expectativas de los superiores pueden ser fuentes significativas de estrés. Sin embargo, aprender a manejar el estrés es crucial para mantener la eficacia y el bienestar a largo plazo. Una de las mejores maneras de superar este desafío es desarrollar técnicas de manejo del estrés, como la meditación, el ejercicio regular y la planificación efectiva. Además, es fundamental que aprendas a delegar tareas y confiar en tu equipo. Intentar hacerlo todo por tu cuenta no solo es insostenible, sino que también puede llevar a un agotamiento rápido. Delegar no solo alivia tu carga, sino que también empodera a los miembros de tu equipo, permitiéndoles crecer y desarrollar sus propias habilidades de liderazgo.

El cambio es otro desafío importante que todo líder enfrentará en algún momento. Los cambios pueden ser internos, como la reestructuración de un equipo, o externos, como una crisis económica o cambios en la industria. Independientemente del tipo de cambio, la capacidad de adaptarse y guiar a tu equipo a través de él es una habilidad crucial en el liderazgo. Superar el desafío del cambio requiere flexibilidad y una mentalidad abierta. Debes estar dispuesto a ajustar tus planes y estrategias según sea necesario, y mantener una actitud positiva frente a la incertidumbre. Además, es importante comunicar claramente el motivo del cambio a tu equipo, asegurándote de que comprendan su propósito y cómo se les afectará. Involucrar a tu equipo en el proceso de cambio, solicitando sus opiniones y preocupaciones, también puede ayudar a suavizar la transición y fomentar una mayor aceptación.

La soledad es un desafío menos evidente, pero no menos importante en el liderazgo. A menudo, los líderes se encuentran en posiciones donde deben tomar decisiones difíciles sin poder compartir sus dudas o preocupaciones con otros. Esta sensación de soledad puede ser desgastante y afectar tanto la toma de decisiones como el bienestar emocional del líder. Para superar este desafío, es fundamental construir una red de apoyo, ya sea dentro o fuera de la organización. Tener a alguien con quien puedas hablar abiertamente sobre tus desafíos y preocupaciones puede hacer una gran diferencia. Además, participar en grupos de liderazgo o buscar mentoría puede proporcionarte nuevas perspectivas y apoyo emocional. No debes tener miedo de pedir ayuda o consejo cuando lo necesites; incluso los líderes más exitosos dependen de otros para obtener apoyo y orientación.

La resistencia al cambio por parte de los demás es otro desafío común en el liderazgo. Cuando introduces nuevas ideas o estrategias, es probable que encuentres resistencia, ya sea por miedo a lo desconocido o por apego a las formas tradicionales de hacer las cosas. Superar este desafío requiere paciencia, persuasión y persistencia. Es importante presentar tus ideas de manera clara y convincente, destacando los beneficios que traerán. Además, involucrar a las personas en el proceso de cambio, permitiéndoles expresar sus preocupaciones y contribuyendo con sus ideas, puede ayudar a reducir la resistencia y aumentar la aceptación. A veces, el cambio puede llevar tiempo, y es crucial no desanimarse por la resistencia inicial. Mantener un enfoque positivo y estar dispuesto a ajustar tu enfoque según sea necesario puede ayudarte a superar este desafío.

La toma de decisiones bajo incertidumbre es otro desafío que a menudo enfrentan los líderes. En un mundo donde la información puede ser incompleta o contradictoria, tomar decisiones puede ser extremadamente difícil. Sin embargo, la incertidumbre no debe paralizarte. Para superar este desafío, es esencial desarrollar una tolerancia al riesgo y la ambigüedad. Esto significa estar dispuesto a tomar decisiones basadas en la mejor información disponible, incluso cuando no tienes todas las respuestas. También es útil desarrollar planes de contingencia y estar preparado para ajustar tu curso si las circunstancias cambian. La capacidad de tomar decisiones rápidas y efectivas bajo incertidumbre es lo que separa a los grandes líderes de los demás.

Finalmente, uno de los desafíos más importantes del liderazgo es mantener la motivación y la moral del equipo. A medida que los desafíos se acumulan, es fácil para el equipo sentirse desmotivado o desanimado. Como líder, es tu responsabilidad mantener la energía y el enfoque en los objetivos. Superar este desafío implica ser un modelo de optimismo y resiliencia, celebrar los éxitos, por pequeños que sean, y proporcionar apoyo y reconocimiento cuando sea necesario. También es importante mantener una comunicación abierta y honesta con tu equipo, asegurándote de que comprendan la importancia de su trabajo y cómo contribuye al éxito general. La motivación es contagiosa, y un líder motivado puede inspirar a su equipo a seguir adelante, incluso en los momentos más difíciles.

En resumen, superar los desafíos del liderazgo es una tarea compleja que requiere una combinación de habilidades, estrategias y actitudes. Desde tomar decisiones difíciles hasta gestionar conflictos, manejar el estrés, adaptarse al cambio y mantener la motivación del equipo, cada desafío presenta una oportunidad para crecer y desarrollarte como líder. Al enfrentar estos desafíos con una mentalidad positiva, un enfoque proactivo y un compromiso con tus principios, no solo serás capaz de superarlos, sino que también te fortalecerás y te prepararás para enfrentar futuros desafíos con mayor confianza y eficacia. Liderar no siempre es fácil, pero es a través de estos desafíos que los líderes verdaderamente grandes se forjan y dejan un legado duradero.

Desarrollo de Habilidades de Toma de Decisiones

Desarrollar habilidades de toma de decisiones es una de las competencias más importantes que cualquier líder debe cultivar. La capacidad de tomar decisiones efectivas y en el momento adecuado es crucial para el éxito de un equipo, una organización, e incluso en la vida personal. Sin embargo, la toma de decisiones no es algo que se pueda hacer al azar; requiere un proceso bien pensado, un análisis cuidadoso y, a menudo, una buena dosis de intuición y experiencia. En este capítulo, exploraremos cómo puedes desarrollar y perfeccionar tus habilidades de toma de decisiones, asegurándote de que cada decisión que tomes sea informada, deliberada y efectiva.

El primer paso para mejorar tus habilidades de toma de decisiones es entender que no todas las decisiones son iguales. Algunas decisiones son simples y tienen un impacto menor, mientras que otras son complejas y pueden tener consecuencias significativas a largo plazo. Saber distinguir entre los diferentes tipos de decisiones y su importancia es esencial. Las decisiones rutinarias, como elegir qué tareas priorizar en un día determinado, requieren menos tiempo y análisis que decisiones estratégicas, como cambiar la dirección de un proyecto o contratar a un nuevo miembro del equipo. Ser capaz de identificar el tipo de decisión que estás enfrentando te ayudará a determinar cuánta atención y recursos necesitas dedicarle.

Una vez que has identificado el tipo de decisión, el siguiente paso es recopilar la información necesaria. Tomar decisiones basadas en suposiciones o información incompleta puede llevar a errores costosos. Por lo tanto, es fundamental que reúnas todos los datos y conocimientos relevantes antes de tomar una decisión. Esto incluye consultar a expertos, revisar documentos o informes relevantes, y hablar con las personas que serán afectadas por la decisión. Cuanta más información tengas a tu disposición, mejor podrás evaluar las opciones y los posibles resultados. Sin embargo, también es importante evitar la parálisis por análisis, que ocurre cuando pasas tanto tiempo recopilando información que nunca llegas a tomar una decisión. Aprender a equilibrar la necesidad de información con la necesidad de acción es clave en la toma de decisiones efectiva.

El análisis de las opciones es otro componente crucial en el proceso de toma de decisiones. Rara vez tendrás una sola opción a considerar; en la mayoría de los casos, tendrás varias alternativas, cada una con sus propias ventajas y desventajas. Para analizar estas opciones, es útil hacer una lista de pros y contras para cada una. Este ejercicio te permitirá visualizar claramente los beneficios y los riesgos asociados con cada opción. Además, es útil considerar las implicaciones a corto y largo plazo de cada decisión. Una opción que parece atractiva en el corto plazo podría tener consecuencias negativas a largo plazo, y viceversa. Tomar el tiempo para pensar en cómo cada opción afectará el futuro es esencial para tomar decisiones bien informadas.

Otra estrategia útil en la toma de decisiones es el uso de escenarios hipotéticos. Imaginar diferentes escenarios y cómo se desarrollarían según la decisión que tomes puede darte una visión más clara de los posibles resultados. Por ejemplo, si estás considerando implementar un nuevo proceso en tu equipo, podrías imaginar un escenario donde todo sale según lo planeado y otro donde surgen problemas imprevistos. Al considerar estos escenarios, puedes preparar planes de contingencia o ajustar tu decisión para minimizar los riesgos. El uso de escenarios te permite estar mejor preparado para manejar cualquier resultado que pueda surgir.

El siguiente paso en el proceso de toma de decisiones es la evaluación de riesgos. Toda decisión conlleva un nivel de riesgo, y es importante que seas consciente de estos riesgos antes de tomar una decisión final. Evaluar el riesgo implica considerar qué tan probable es que ocurra un resultado negativo y qué impacto tendría si ocurriera. Algunas decisiones pueden implicar riesgos bajos con consecuencias menores, mientras que otras pueden tener riesgos altos con consecuencias significativas. Al evaluar los riesgos, es crucial que consideres tanto los aspectos tangibles como los intangibles. Los riesgos financieros, por ejemplo, son fáciles de cuantificar, pero los riesgos relacionados con la moral del equipo o la reputación de la organización pueden ser más difíciles de evaluar, aunque no menos importantes.

Después de haber recopilado la información, analizado las opciones y evaluado los riesgos, llega el momento de tomar la decisión. Este es quizás el paso más difícil, ya que implica comprometerse con una opción y avanzar con ella. Es natural sentir incertidumbre en este punto, especialmente si la decisión tiene grandes implicaciones. Sin embargo, es importante recordar que ninguna decisión está exenta de riesgo, y la incertidumbre es parte del proceso. Lo que distingue a un buen líder es la capacidad de tomar decisiones con confianza, incluso cuando no se tienen todas las respuestas. Es en este momento cuando la intuición y la experiencia juegan un papel crucial. A menudo, tu instinto te dirá cuál es la mejor opción, basado en tus conocimientos previos y en tu comprensión del contexto.

Una vez que has tomado la decisión, el siguiente paso es implementarla. La ejecución de la decisión es tan importante como la decisión en sí. Una decisión bien tomada puede fallar si no se implementa correctamente. Es esencial que comuniques claramente tu decisión a todas las partes involucradas, explicando el razonamiento detrás de ella y los pasos que seguirán. Además, debes asegurarte de que todos comprendan sus roles y responsabilidades en la implementación de la decisión. La planificación y la coordinación son clave en esta etapa para garantizar que la decisión se ejecute de manera efectiva y eficiente. También es importante estar preparado para ajustar el plan si surgen problemas durante la implementación.

El último paso en el proceso de toma de decisiones es la evaluación y el aprendizaje. Después de que la decisión ha sido implementada, es fundamental que revises los resultados para ver si la decisión tuvo el efecto deseado. Esto implica comparar los resultados reales con los esperados y analizar qué funcionó bien y qué podría haberse hecho de manera diferente. Esta evaluación te proporciona valiosos aprendizajes que puedes aplicar a futuras decisiones. Incluso si la decisión no tuvo el éxito que esperabas, es importante ver el proceso como una oportunidad para aprender y mejorar. La toma de decisiones es una habilidad que se perfecciona con el tiempo, y cada experiencia, buena o mala, te hace un mejor tomador de decisiones.

Además de seguir estos pasos, es importante que trabajes en desarrollar una mentalidad de mejora continua en tu toma de decisiones. Esto significa estar siempre dispuesto a aprender nuevas técnicas y enfoques, así como a buscar retroalimentación de otros. Participar en cursos de toma de decisiones, leer sobre las experiencias de otros líderes y reflexionar sobre tus propias decisiones pasadas son maneras efectivas de mejorar tus habilidades. Recuerda que la toma de decisiones no es solo una tarea que realizas de vez en cuando; es una habilidad fundamental que afecta todos los aspectos de tu vida profesional y personal. Al comprometerte a mejorar continuamente, te asegurarás de que tus decisiones sean cada vez más acertadas y efectivas.

En conclusión, el desarrollo de habilidades de toma de decisiones es un proceso continuo que requiere práctica, reflexión y aprendizaje constante. Al entender los diferentes tipos de decisiones, recopilar la información necesaria, analizar las opciones, evaluar los riesgos, tomar decisiones con confianza, implementarlas de manera efectiva y aprender de los resultados, puedes mejorar significativamente tu capacidad para tomar decisiones efectivas. Esta habilidad no solo te ayudará a ser un mejor líder, sino que también te permitirá navegar por los desafíos y oportunidades que surgen en la vida con mayor confianza y éxito. La toma de decisiones es tanto un arte como una ciencia, y con el tiempo, puedes dominar ambos aspectos para convertirte en un tomador de decisiones seguro y competente.

Evolucionar como Líder

Evolucionar como líder es un proceso continuo y dinámico que no termina una vez que alcanzas una posición de liderazgo. Al contrario, es el punto de partida para un viaje de crecimiento personal y profesional que nunca se detiene. La evolución como líder implica estar en constante aprendizaje, adaptarte a nuevas circunstancias, mejorar tus habilidades, y ser cada vez más consciente de tu impacto en los demás. En este capítulo, exploraremos cómo puedes evolucionar como líder y por qué este desarrollo constante es esencial para mantener tu relevancia y eficacia en cualquier contexto.

El primer aspecto de la evolución como líder es la autoevaluación constante. Ser un líder efectivo requiere que te conozcas a ti mismo, que entiendas tus fortalezas y debilidades, y que estés dispuesto a trabajar en las áreas que necesitan mejora. La autoevaluación no es solo una reflexión superficial; es un análisis profundo y honesto de tu desempeño, tus decisiones, y cómo te relacionas con los demás. Tomarte el tiempo para reflexionar sobre tus experiencias, recibir retroalimentación de tu equipo y colegas, y considerar cómo podrías haber manejado las situaciones de manera diferente es crucial para tu crecimiento. A través de la autoevaluación, puedes identificar patrones en tu comportamiento y tomar medidas para corregir cualquier tendencia negativa antes de que se convierta en un problema mayor.

La educación continua es otro pilar fundamental en la evolución del liderazgo. El mundo cambia rápidamente, y lo que funcionó ayer puede no ser efectivo hoy. Los líderes que se quedan atrapados en el pasado o que se resisten a aprender cosas nuevas corren el riesgo de volverse obsoletos. Por eso, es esencial que estés siempre en busca de nuevas oportunidades para aprender y expandir tus conocimientos. Esto puede incluir leer libros y artículos sobre liderazgo, asistir a conferencias y talleres, o inscribirte en cursos de desarrollo profesional. Además, no subestimes el valor del aprendizaje informal, como las conversaciones con otros líderes o la observación de cómo manejan sus desafíos. Cada experiencia es una oportunidad para aprender algo nuevo, y cuanto más estés dispuesto a absorber, más rápido evolucionarás como líder.

La adaptabilidad es otra habilidad crucial para la evolución del liderazgo. Vivimos en un mundo en constante cambio, donde las situaciones pueden transformarse rápidamente y sin previo aviso. Un líder que no es capaz de adaptarse a nuevas circunstancias puede encontrarse rápidamente superado por los eventos. La adaptabilidad no solo significa ser flexible en tu enfoque, sino también estar dispuesto a abandonar viejas maneras de hacer las cosas si ya no son efectivas. Esto puede implicar cambiar de estrategia, adoptar nuevas tecnologías o incluso cambiar tu estilo de liderazgo para adaptarte a las necesidades de tu equipo. La capacidad de adaptarse no solo te ayuda a enfrentar los desafíos con mayor eficacia, sino que también demuestra a tu equipo que estás comprometido con el éxito a largo plazo y no solo con mantener el status quo.

La empatía es otro aspecto fundamental en la evolución del liderazgo. A medida que creces como líder, te darás cuenta de que liderar no se trata solo de tomar decisiones y dirigir a otros, sino también de comprender las emociones, necesidades y perspectivas de las personas que te rodean. La empatía te permite conectarte más profundamente con tu equipo, lo que a su vez fomenta la confianza y la colaboración. Ser un líder empático no significa ser blando o permisivo, sino ser consciente de cómo tus acciones y decisiones afectan a los demás y estar dispuesto a ajustar tu enfoque para el bienestar del grupo. A medida que te desarrollas como líder, trabajar en tu capacidad de empatía te permitirá construir relaciones más fuertes y efectivas con tu equipo, lo que a su vez contribuirá al éxito colectivo.

Otra parte importante de la evolución como líder es la capacidad de manejar la incertidumbre. El liderazgo no siempre ofrece respuestas claras, y a menudo tendrás que tomar decisiones en situaciones donde la información es incompleta o contradictoria. La incertidumbre puede ser desconcertante, pero es una parte inevitable del liderazgo. Aprender a estar cómodo con la incertidumbre y tomar decisiones informadas, a pesar de ella, es un signo de un líder maduro y seguro. Esto no significa actuar impulsivamente, sino ser capaz de evaluar la situación, sopesar los riesgos y tomar la mejor decisión posible con la información disponible. Con el tiempo, a medida que te enfrentes a más situaciones inciertas, desarrollarás una mayor confianza en tu capacidad para navegar por lo desconocido, lo que te permitirá liderar con mayor eficacia.

El desarrollo de una visión clara también es un aspecto clave en la evolución del liderazgo. Un líder que evoluciona no solo responde a las circunstancias presentes, sino que también tiene una idea clara de hacia dónde quiere ir y cómo planea llegar allí. Esta visión no solo te guía a ti como líder, sino que también inspira a tu equipo a trabajar hacia objetivos comunes. Desarrollar una visión clara requiere que pienses a largo plazo, que consideres el panorama general y que seas capaz de comunicar tus ideas de manera que otros puedan comprender y apoyar. A medida que evoluciones, tu visión puede cambiar y adaptarse, pero lo importante es que siempre tengas un sentido de propósito y dirección que te guíe a ti y a tu equipo.

El liderazgo también implica desarrollar la habilidad de delegar. Al principio, muchos líderes tienden a querer hacerlo todo por sí mismos, ya sea por falta de confianza en los demás o por temor a que las cosas no se hagan de la manera que ellos desean. Sin embargo, a medida que evolucionas como líder, te darás cuenta de que delegar no solo es necesario, sino también beneficioso. Delegar tareas permite a otros miembros del equipo desarrollar sus habilidades y asumir más responsabilidades, lo que a su vez alivia tu carga y te permite centrarte en las decisiones estratégicas más importantes. Delegar también es una muestra de confianza en tu equipo, lo que puede aumentar la moral y el compromiso. Aprender a delegar de manera efectiva es un paso crucial en tu evolución como líder.

La resiliencia es otro componente vital de la evolución del liderazgo. Ser un líder no es fácil; enfrentarás desafíos, fracasos y críticas a lo largo del camino. La resiliencia es la capacidad de recuperarte de estos contratiempos, aprender de ellos y seguir adelante con determinación. Un líder resiliente no se desmorona ante la adversidad, sino que la utiliza como una oportunidad para crecer y mejorar. Desarrollar resiliencia requiere que cultives una mentalidad positiva, que busques apoyo cuando lo necesites y que mantengas una perspectiva a largo plazo. Con el tiempo, te darás cuenta de que los desafíos no son barreras insuperables, sino escalones en tu camino hacia el éxito.

Finalmente, la evolución como líder también implica dejar un legado. A medida que creces y te desarrollas en tu rol de liderazgo, debes pensar en el impacto duradero que deseas tener en tu equipo, tu organización y más allá. ¿Qué valores y principios quieres que perduren? ¿Cómo quieres ser recordado como líder? Dejar un legado no se trata de alcanzar la fama o la gloria personal, sino de contribuir de manera significativa al éxito y bienestar de los demás. Un líder verdaderamente evolucionado entiende que su trabajo no se mide solo por los logros tangibles, sino por el impacto positivo y duradero que tiene en las personas y en la organización. Este legado es lo que realmente define tu éxito como líder y lo que inspirará a futuras generaciones a seguir tu ejemplo.

En resumen, evolucionar como líder es un proceso continuo que implica autoevaluación, educación continua, adaptabilidad, empatía, manejo de la incertidumbre, desarrollo de una visión, delegación efectiva, resiliencia y la construcción de un legado duradero. No es un camino fácil, pero es un viaje increíblemente gratificante que no solo te convierte en un mejor líder, sino también en una mejor persona. Al comprometerte a evolucionar constantemente, no solo te preparas para enfrentar cualquier desafío que se presente, sino que también inspiras a otros a crecer y desarrollarse junto a ti. En última instancia, la evolución como líder es un viaje sin fin, uno que te llevará a alturas cada vez mayores si te mantienes abierto al aprendizaje y al cambio.

Aprender de Otros Líderes

Aprender de otros líderes es una de las formas más poderosas y efectivas de mejorar tus propias habilidades de liderazgo. El liderazgo es un arte que se perfecciona con la práctica y la observación, y al observar a otros líderes, puedes adquirir conocimientos valiosos que de otro modo podrías no haber descubierto por ti mismo. Este aprendizaje no solo se limita a los líderes famosos o históricos; puede provenir de cualquier persona que tenga una posición de liderazgo, ya sea un jefe directo, un colega, un mentor, o incluso un líder de opinión en tu comunidad. Al aprender de otros, puedes evitar cometer los mismos errores que ellos han cometido, adoptar prácticas efectivas que han demostrado funcionar y ampliar tu perspectiva sobre lo que significa ser un buen líder.

Uno de los aspectos más importantes de aprender de otros líderes es la observación. La observación atenta te permite ver cómo los líderes manejan diversas situaciones, cómo interactúan con sus equipos y cómo toman decisiones cruciales. Cuando observas a un líder en acción, presta atención a cómo comunican sus ideas, cómo resuelven conflictos y cómo inspiran a sus equipos. Fíjate en los detalles, como el lenguaje corporal, el tono de voz y la elección de palabras, porque a menudo, estos pequeños detalles son los que marcan la diferencia en la efectividad de un líder. Observando a diferentes líderes en diferentes situaciones, puedes empezar a identificar patrones y técnicas que te gustaría incorporar en tu propio estilo de liderazgo.

Además de observar, otra forma efectiva de aprender de otros líderes es a través de la mentoría. Un mentor es alguien que ya ha recorrido el camino del liderazgo y está dispuesto a compartir su conocimiento y experiencia contigo. Tener un mentor te brinda la oportunidad de recibir retroalimentación directa y personalizada, lo que puede acelerar tu desarrollo como líder. Busca un mentor que no solo tenga experiencia, sino que también comparta tus valores y esté dispuesto a invertir tiempo en ayudarte a crecer. La relación de mentoría es una vía de aprendizaje bidireccional, donde ambos pueden beneficiarse del intercambio de ideas y experiencias. A medida que crezcas como líder, también puedes convertirte en un mentor para otros, perpetuando el ciclo de aprendizaje y crecimiento.

La lectura es otra herramienta invaluable para aprender de otros líderes. Hay una vasta cantidad de libros, artículos y biografías escritos por y sobre líderes que han dejado una marca significativa en sus campos. Leer sobre las experiencias de estos líderes te permite acceder a su conocimiento y perspectiva sin necesidad de interactuar con ellos directamente. Puedes aprender cómo enfrentaron desafíos, qué estrategias usaron para alcanzar sus metas y qué lecciones aprendieron a lo largo del camino. Además, leer sobre una variedad de líderes te expone a diferentes estilos de liderazgo y enfoques, lo que te ayuda a desarrollar una comprensión más amplia de lo que significa ser un líder. No te limites a leer sobre líderes en tu campo; aprender de líderes en diferentes industrias y contextos puede ofrecerte nuevas ideas y enfoques que pueden ser aplicados en tu propia situación.

Otra manera de aprender de otros líderes es participar en redes de liderazgo. Estos pueden incluir grupos de discusión, talleres, conferencias y seminarios donde los líderes se reúnen para compartir sus experiencias y conocimientos. Asistir a estos eventos te permite no solo escuchar a líderes establecidos, sino también interactuar con ellos y hacer preguntas específicas sobre los desafíos que enfrentas. La creación de redes con otros líderes también te ofrece la oportunidad de aprender de tus pares, quienes pueden estar enfrentando desafíos similares a los tuyos. Estas interacciones pueden ofrecerte nuevas perspectivas y soluciones que quizás no habías considerado. Además, estar rodeado de otros líderes motivados y exitosos puede inspirarte a elevar tu propio nivel de liderazgo.

El aprendizaje de otros líderes también puede ser facilitado por la observación de líderes en acción a través de los medios de comunicación. Hoy en día, con el acceso a internet y las redes sociales, es más fácil que nunca ver y escuchar a líderes de todo el mundo. Puedes seguir a líderes en plataformas como LinkedIn, Twitter o

YouTube, donde a menudo comparten sus pensamientos, estrategias y experiencias en tiempo real. Los podcasts y webinars también son recursos valiosos donde los líderes discuten temas de actualidad y cómo los abordan desde una perspectiva de liderazgo. Consumir este contenido regularmente te permite estar al día con las tendencias en liderazgo y aprender de una variedad de voces y estilos.

Un aspecto crucial del aprendizaje de otros líderes es la capacidad de ser crítico y selectivo con lo que aprendes. No todo lo que hace un líder es aplicable o adecuado para tu situación. Es importante que analices lo que observas y determines qué es lo que se alinea con tus propios valores y objetivos. No se trata de imitar ciegamente a otros líderes, sino de adaptar las lecciones aprendidas a tu propio estilo y contexto. A veces, aprender de un líder significa ver lo que no se debe hacer. Incluso los líderes más exitosos cometen errores, y estos errores pueden ofrecerte lecciones valiosas sobre qué evitar o cómo manejar mejor una situación similar en el futuro. Al ser selectivo en lo que adoptas, puedes construir un estilo de liderazgo que sea auténtico y efectivo.

Además de aprender de los éxitos de otros líderes, es igualmente importante aprender de sus fracasos. Todos los líderes, sin importar cuán exitosos sean, han enfrentado desafíos y han cometido errores. Estos fracasos, aunque difíciles, son a menudo donde se encuentran las lecciones más profundas y significativas. Leer o escuchar sobre cómo un líder se enfrentó a un fracaso y lo superó puede proporcionarte una guía sobre cómo manejar tus propios desafíos. Te enseña que el fracaso no es el final, sino una parte del proceso de crecimiento. Aprender de los fracasos de otros te permite estar mejor preparado para enfrentar tus propios obstáculos con resiliencia y determinación.

Finalmente, aprender de otros líderes también implica aplicar lo que has aprendido en tu propio contexto. El conocimiento adquirido a través de la observación, la lectura, la mentoría y las redes de liderazgo no es útil a menos que lo pongas en práctica. Esto significa experimentar con nuevas ideas, estrategias y enfoques en tu propio entorno de liderazgo. No tengas miedo de probar algo nuevo basado en lo que has aprendido de otros líderes, incluso si no estás seguro de cómo resultará. La aplicación práctica es donde realmente se consolida el aprendizaje y donde puedes ajustar y refinar tus habilidades de liderazgo. Al aplicar lo que has aprendido, también estarás contribuyendo a tu propio crecimiento continuo y evolución como líder.

En conclusión, aprender de otros líderes es una estrategia fundamental para el desarrollo del liderazgo. A través de la observación, la mentoría, la lectura, la participación en redes de liderazgo y la crítica selectiva, puedes adquirir conocimientos y habilidades que te ayudarán a ser un líder más efectivo y completo. Aprender de otros no significa simplemente copiar lo que hacen, sino adaptar sus lecciones a tu propio estilo y contexto. Al hacer esto, no solo mejoras como líder, sino que también te preparas para enfrentar los desafíos futuros con una mayor perspectiva y sabiduría. El liderazgo es un viaje de aprendizaje continuo, y al aprovechar las experiencias y conocimientos de otros líderes, puedes avanzar con mayor confianza y éxito en ese viaje.

El Camino hacia el Liderazgo Formal

El camino hacia el liderazgo formal es un recorrido lleno de desafíos, aprendizajes y oportunidades para crecer. No es un camino que se recorra de la noche a la mañana, ni se trata solo de obtener un título o un puesto de autoridad. Ser un líder formal implica una preparación constante, tanto a nivel personal como profesional, para poder guiar a otros de manera efectiva y con propósito. En este capítulo, exploraremos las etapas clave en este camino, desde el desarrollo de habilidades esenciales hasta la construcción de una visión sólida que te permita liderar con confianza y éxito.

El primer paso en el camino hacia el liderazgo formal es el autoconocimiento. Antes de que puedas liderar a otros, debes conocerte a ti mismo profundamente. Esto implica entender tus fortalezas, tus debilidades, tus valores y tus motivaciones. El autoconocimiento te permite ser consciente de cómo tus acciones y decisiones afectan a los demás y te ayuda a mantener una perspectiva clara cuando enfrentas desafíos. Este proceso de autoconocimiento no es algo que se hace una sola vez, sino que es continuo. A medida que te enfrentas a nuevas experiencias y situaciones, siempre tendrás la oportunidad de aprender algo nuevo sobre ti mismo. Al estar en sintonía con tu propia identidad, puedes liderar con autenticidad y construir relaciones más genuinas y efectivas con aquellos a quienes guías.

El siguiente paso en este camino es el desarrollo de habilidades de liderazgo fundamentales. Estas habilidades incluyen la comunicación efectiva, la toma de decisiones, la empatía, la resolución de conflictos y la capacidad de inspirar y motivar a otros. No se trata solo de adquirir conocimientos teóricos, sino de practicar estas habilidades en la vida diaria. La comunicación, por ejemplo, no solo se trata de hablar con claridad, sino de escuchar activamente, comprender diferentes perspectivas y ser capaz de transmitir ideas de manera que resuenen con los demás. La toma de decisiones, por su parte, requiere un equilibrio entre el análisis racional y la intuición, considerando tanto los datos como el impacto humano de las decisiones. La empatía te permite conectar con las personas a un nivel más profundo, entendiendo sus emociones y necesidades, lo cual es esencial para construir un equipo cohesionado y comprometido. La resolución de conflictos es crucial para mantener la armonía y la productividad en un equipo, y la capacidad de inspirar y motivar es lo que realmente impulsa a las personas a dar lo mejor de sí mismas.

A medida que desarrollas estas habilidades, es importante que también construyas tu red de contactos. El liderazgo no se desarrolla en un vacío; se nutre de las relaciones que construyes a lo largo del camino. Estas relaciones pueden incluir mentores, colegas, amigos y otros líderes que te inspiran. Una red sólida no solo te brinda apoyo y consejo, sino que también te expone a diferentes puntos de vista y te abre puertas a nuevas oportunidades. Participar en grupos de discusión, asistir a conferencias y eventos de liderazgo, y buscar activamente conexiones con personas de diferentes industrias y trasfondos puede enriquecer tu experiencia y proporcionarte una perspectiva más amplia. Además, estas relaciones te permiten observar cómo otros líderes manejan desafíos similares y qué estrategias utilizan para tener éxito, lo cual puede ser extremadamente valioso en tu propio desarrollo.

La construcción de una visión clara es otro aspecto crucial en el camino hacia el liderazgo formal. Un líder efectivo no solo se enfoca en los desafíos y oportunidades del presente, sino que también tiene una idea clara de hacia dónde quiere llevar a su equipo o a su organización en el futuro. Desarrollar una visión requiere una comprensión profunda de las metas y valores tanto personales como organizacionales. Esta visión debe ser lo suficientemente inspiradora como para motivar a otros a seguirte y lo suficientemente práctica como para ser alcanzable. Comunicar esta visión de manera clara y persuasiva es lo que diferencia a un líder que simplemente gestiona de uno que realmente inspira y guía hacia el éxito. Una vez que tienes una visión clara, todo lo que haces como líder debe estar alineado con esa visión, desde las decisiones diarias hasta las estrategias a largo plazo.

Otro paso importante en este camino es aprender a delegar. Como líder formal, no podrás hacerlo todo por ti mismo. De hecho, intentar hacerlo todo no solo es insostenible, sino que también puede ser perjudicial para tu equipo y para ti mismo. Delegar de manera efectiva no solo te libera para concentrarte en las decisiones estratégicas más importantes, sino que también empodera a tu equipo, permitiéndoles desarrollar sus propias habilidades y asumir más responsabilidad. Delegar no significa simplemente asignar tareas; significa confiar en tu equipo, darles la autoridad y los recursos necesarios para tener éxito, y estar disponible para apoyarles cuando lo necesiten. Delegar bien requiere una comprensión clara de las fortalezas y debilidades de cada miembro del equipo, así como una comunicación abierta y honesta sobre expectativas y objetivos.

La resiliencia es otra cualidad esencial en el camino hacia el liderazgo formal. No importa cuán preparado estés o cuántas habilidades hayas desarrollado, inevitablemente enfrentarás desafíos, fracasos y críticas. La resiliencia es la capacidad de recuperarte de estos contratiempos, aprender de ellos y seguir adelante con aún más determinación. Un líder resiliente no se deja abatir por las dificultades, sino que las utiliza como oportunidades para crecer y mejorar. Desarrollar resiliencia implica cultivar una mentalidad positiva, buscar el apoyo cuando lo necesites y mantener un enfoque a largo plazo, sin perder de vista tus objetivos. Con el tiempo, la resiliencia no solo te ayudará a enfrentar los desafíos de liderazgo, sino que también te permitirá inspirar a tu equipo a perseverar en momentos difíciles.

Otro aspecto fundamental del camino hacia el liderazgo formal es el manejo de la responsabilidad. Como líder, serás responsable no solo de tus propias acciones, sino también de las de tu equipo. Esto significa que tendrás que tomar decisiones difíciles, a veces bajo presión, y asumir la responsabilidad por los resultados, sean positivos o negativos. Manejar esta responsabilidad requiere integridad, transparencia y una fuerte ética de trabajo. Es importante que estés dispuesto a admitir errores cuando los cometas y a tomar medidas para corregirlos. Al mismo tiempo, debes reconocer y celebrar los éxitos, tanto tuyos como de tu equipo, para mantener la motivación y el compromiso. La responsabilidad también implica ser un ejemplo para los demás, mostrando a través de tus acciones cómo deben comportarse y qué valores deben guiar su trabajo.

Finalmente, el camino hacia el liderazgo formal implica un compromiso continuo con el aprendizaje y la mejora. El liderazgo es un campo en constante evolución, y lo que funciona hoy puede no ser efectivo mañana. Por eso, es crucial que te mantengas abierto al aprendizaje, siempre buscando nuevas maneras de mejorar tus habilidades y conocimientos. Esto puede incluir la formación continua, la lectura de libros y artículos sobre liderazgo, la asistencia a talleres y conferencias, y la búsqueda de retroalimentación de tus pares y equipo. La voluntad de aprender y adaptarte no solo te mantendrá relevante en tu rol de liderazgo, sino que también te permitirá liderar con confianza en un mundo en constante cambio.

En conclusión, el camino hacia el liderazgo formal es un viaje que requiere autoconocimiento, desarrollo de habilidades, construcción de relaciones, creación de una visión clara, capacidad de delegar, resiliencia, manejo de la responsabilidad y un compromiso continuo con el aprendizaje. No es un camino fácil, pero es extremadamente gratificante. Cada paso que das te acerca no solo a ser un líder formal, sino a ser un líder que inspira, motiva y guía a otros hacia el éxito. Al emprender este viaje, recuerda que el liderazgo es más que un título o una posición; es una responsabilidad que debes asumir con dedicación, integridad y pasión. Al final, el verdadero éxito en el liderazgo no se mide solo por lo que logras, sino por el impacto positivo y duradero que dejas en los demás.